日本語の奥深さを日々痛感しています

朝日新聞
校閲センター

さくら舎

●目次

1 ことばは生き物。変身もする、盛衰もある

「にくい」と「づらい」の使われ方 14
「れる・られる」、やめられない? 16
「リアル○○」になっていったことば 18
単数形で使う「They」 20
「普通においしい」はどんな味? 22
「大人しい」のルーツ 24
主客逆転の「課金する」 26
「食べ歩き」の正解 28
「刺さる」のひとこと 30

「～そう」の違和感　32
広辞苑初登場の「角打ち」　34
人気の「クラフト」　36
「価値観」が「価値感」に？　38
「せこい」は誤解されやすい　40
テレビで知名度を上げた「レシピ」　42
「大丈夫です」の真意　44
「にわかファン」揶揄を払拭　46
新たな「そうなんですね」が広まる　48
「生誕祭」の新しい用法　50
「一定評価したい」という言い回し　52

2

ことばの最前線！　新語が生まれるとき

なぜ「自分ごと」が生まれたか　56

カミ・オニで強調　58
ネット空間の「打ち言葉」　60
「モフモフ」への共感　62
「いつぶり」っていつ以来？　64
「ディスる」という造語法　66
面白き究極の1字略語　68
「おいしいです」は変？　70
「ハッシュタグ」ということば　72
甲子園のタイブレーク　74
おいしい食感「もちもち」　76
「かわいいかよ」の思い　78
病気の名前、表記に配慮　80
ニュアンスが変わった「ゴリゴリ」　82
活字メディアの合成語「コロナ禍」　84
素敵な和製英語「ゴールデンウィーク」　86

セ・パ、J……スポーツ界の呼び名　88
「3密」「ディスタンス」が叫ばれるなか　90

3 知るたのしみ、使うたのしみ……語彙力で心豊かになる

「濡れ衣」は香の名？　94
「師匠をしくじる」とは？　96
「終息」と「収束」の使い分け　98
ことばの「サプリメント」　100
変化途上の「筆」　102
「お釣り」の登場　104
「水無月」は水の月　106
「欠缺」「輸贏」……難解な法律用語　108
「虹」はなぜ「虫」に「工」？　110
「戦術」と「戦略」の使い分け　112

道はどこから　114
使われ続ける「げたを履かせる」　116
野球も電池も「バッテリー」　118
「蕎麦」、なぜ「そば」？　120
「December」が12月になるまで　122
「カフェ」と「喫茶店」の区別　124
ゆれる「勧告」と「指示」　126
湖・沼・池はどう違う？　128
緩やかな「日本」の読み方　130
「トラブル」の使い勝手　132
気になる「享年」の使われ方　134
デシリットルの出番　136
「テレワーク」定着まで　138

4
ことばは物語をもっている。歴史の断面が語られる

新・広辞苑のツボ——画期的な変化　142
新・広辞苑のツボ——時代感覚も反映　144
銀座・みゆき通りの名づけ親　146
「○○合わせ」で技磨き　148
「ソウルフード」の存在感　150
平成の方言　152
平成の略語と新語　154
平成の日本語ブーム　156
病よけの妖怪「アマビエ」　158
なぜ「銃音」ではなく「銃声」か　160
消えゆく「ヴ」　162
五月病のはじまり　164

誰にでも起きる五月病　166
「手は鬼」と口にするとき　168
「御三家」って？　170
紙面で現役「内助の功」　172
北海道ではなく「北加伊道」　174
なぜ箱館が函館に？　176
不明な「函館」認知　178
「イオン」命名はファラデー　180
歴史用語「琉球処分」　182
「がん」漢字の由来　184
「スピリッツ」の長い旅　186
「檀那」と「ドナー」のつながり　188

5 語感、言い回し、使い方……日本語はおもしろい

「右」と「左」、どちらが優位？ 192
人間の目を助ける「タカの目」 194
将棋・囲碁の「永世称号」を名乗る資格 196
「折り返し点」は中間点？ 198
ラ行音はR？L？ 200
「超電導」か「超伝導」か 202
超電導に隠されたひみつ 204
風呂おけ――何をイメージ？ 206
「無職」に居心地の悪さ 208
西郷どんの掛け声「チェスト」って？ 210
「知恵捨てよ」説も捨てられぬ？ 212
暦で知る世界 214

難読の万博会場「夢洲」 216
「せーの」の掛け声 218
「来崎」って？ 220
呼称を「教皇」に改める 222
ポテチの原材料表記なぜ違う？ 224
東北・信州の「しみ豆腐」 226
「どどめ色」って何色？ 228
議会答弁術「いずれにいたしましても」 230
NZ代表の「ハカ」 232

あとがき　朝日新聞東京本社校閲センター長　中島一仁 235

日本語の奥深さを日々痛感しています

本書は朝日新聞朝刊の「ことばの広場」（2017年12月21日〜2019年3月27日）、「ことばサプリ」（2019年4月6日〜2020年8月1日）に掲載されたものを書籍化したものです。

1

ことばは生き物。
変身もする、盛衰もある

「にくい」と「づらい」の使われ方

●「にくい」退潮の背景

「『燃えにくい』とは言うが、『燃えづらい』とは言わない」――「言葉に関する問答集」（文化庁）はそう指摘します。明鏡国語辞典（大修館書店）は「づらい」を「自然現象を表す動詞や非意図的な動詞には付きにくい」と説明します。「にくい」と「づらい」はどちらも困難を表す接尾語ですが、「づらい」は特に心理的な抵抗感を示すようです。

ところが朝日新聞の「ことばサプリ」には「『づらい』ばかりが使われるようになって違和感を覚える」という声が、複数の読者から寄せられています。

試しに朝日新聞の過去の用例を記事データベースで調べてみました。「分（わ）かりにくい／づらい」の全活用形を拾うため「かりにく」と「かりづら」の文字列がある記事を5年ごとに区切ってそれぞれ検索し、双方の割合を算出しました。

すると1985～89年は「かりにく」が97・3％、「かりづら」が2・7％だったのが、２０１５〜19年は79・2％と20・8％に。その間、一貫して「かりにく」が減り、「かりづら」が増え続けています。

「にくい」は平安時代からある一方、「づらい」は江戸後期に使われ始めます。九州大の青木博史《あおきひろふみ》准教授（日本語学）によると、本来の用法から少しずれる言葉遣いに新鮮さを見いだすのが、言語変化の一つのパターン。「づらい」の意味を拡張させて「にくい」の代わりに使うようになった結果、古くからある「にくい」が退潮しつつあると言います。似た意味の「〜かねる」や「〜がたい」が決まった語彙《ごい》でしか使われなくなったのを連想させるそうです。

校閲記者の目が光る新聞でも進む「にくい」の「づらい」化。それでも「燃えづらい」は「燃えにくい」に直してもらうつもりです。　（板垣茂）

「れる・られる」、やめられない？

●受け身で「私」を消す

「高齢化という課題が突きつけられている」「今後の成り行きが注目される」。新聞記事に時々顔を出す「れる・られる」。「誰が」や「誰に」が具体的に想像できず、何かひとごとのような、自然の成り行きに任せるような印象を受けないでしょうか。

かつて作家・井上《いのうえ》ひさしは「受け身上手はいつからなのか」と題して、「れる・られる」が出てくる省庁の白書を伝える記事を例に「なんとなく無責任に見えるのはなぜであろうか」と書きました。確かに「られる文」が多いと当事者性や迫力が欠ける感じがします。

新聞や放送などのメディアでは「られる」をなるべく避けるようにしています。たとえば「ＮＨＫことばのハンドブック」では、「調整がはかられることになっています」→「調整をすることにしています」などと言い換え例を示しています。

乱用しない方がいいのに、つい書いてしまうのはなぜでしょうか。

「受け身の形を使った『私』を消す表現（自発構文）が好まれる文化があるからだと思います」と静岡大学の原沢伊都夫《はらさわいつお》教授（日本語学）は説明します。『私は富士山を見た』より、主語の隠れた『富士山が見えた』の方がしっくりする。人間中心ではなく、自然の中で影響を受けて生かされているという世界観の反映です。英語など多くの欧米語にはない発想でしょう」

文法的にいえば、自発に加え、可能・受け身・尊敬という意味も表す「られる文」。これを「～である」「～できる」の形にかえて広報文などを書く試みがあります。背景にあるのは「多文化共生」。日本語初心者の在住外国人向けに始まった「やさしい日本語」という取り組みなどもあります。

（丹羽のり子）

「リアル○○」になっていったことば

●「ネット○○」とあえて区別

「リアル○○」という表現が気になります。たとえば「リアル書店」。街にある書店が、あえて「リアル」をつけてそう呼ばれています。「現実の様子」や「写実的」といった、リアルの語がもともと持つニュアンスではしっくりきません。

街の本屋を指す「リアル書店」が小紙で最初に使われたのは2000年末の読書面。フリーライターの永江《ながえ》朗《あきら》さんが、ネット書店サイトが増えた業界を振り返る記事で使っています。

多くの辞書は、見出し語として「リアル書店」を載せていません。12年に出た大辞泉（第2版）にもありませんが、ネット版のデジタル大辞泉では、「実店舗をもち、実際に書籍や雑誌を並べて売っている店。現物を手にとることができる書店。ネット書店に対していう」としています。

14年改訂の三省堂国語辞典（第7版）は、リアルの用例に「リアル書店」を加えました。その語釈の説明として「21世紀になって広まった言い方」と入りました。似た経緯で使われるようになった「リアル店舗」。ネットショッピングの急速な普及が背景にあります。

このように時代の変化に伴って、もともとあったことばに別のことばが加わって区別される例は、ほかにもあります。エレキギターの登場で、元の「ギター」が「アコースティックギター」となり、携帯電話の普及で、それまでの「電話」が「固定電話」と呼ばれるようになりました。

「現代用語の基礎知識」の執筆者の一人で、新語ウォッチャーのもり・ひろしさんによると、こうして生まれた新たな呼び名は、「レトロニム（再命名語）」と呼ばれます。レトロニムは「社会の変化に伴う、ものの盛衰の境目に現れてくる」ともりさん。「次にどんなリアル○○が出てくるのかに注目すると、社会の変化の最先端を実感できるのでは」と提案します。

（米田千佐子）

単数形で使う「They」

●社会変革に一役

英語でよく使われる人称代名詞の「He」(彼)と「She」(彼女)。これらの複数形は「They」ですが、最近、Theyを単数形で使うメディアが米国を中心に多くなっています。

性の多様化が尊重される現代。「彼」とも「彼女」とも呼ばれたくない人を指すには、どんな表現が望ましいか。メディアの表記部門の責任者が考えたのが、従来の文法の常識を取り払って単数形で使うTheyでした。

有力メディアで初めて採用したのは2015年のワシントン・ポスト紙。その年を代表する「流行語大賞」に選ばれ、「男女という旧来の二元化された社会に『変革』をもたらした」と評価されました。2017年は世界最大の通信社の一つ、AP通信がこの用法を採用し、認知度が高まりました。

トランスジェンダー(体と心の性が一致しない人)を指す代名詞について、トランスジェンダー史の研究者、スーザン・ストライカー・米アリゾナ大准教授は、「造語」を作るなど試行錯誤が続いたものの「どれも当事者たちには評判が良くなかった」といいます。だから、「以前からある単語のTheyは受け入れやすく、使いやすいから広まったのだろう」。

でも実は、単数形のTheyは古くから使われていたと言う専門家もいます。言語学者のデニス・バロン・米イリノイ大教授によると、14世紀ごろからみられ、シェークスピア、オーウェルといった名だたる文豪も使っていたそうです。

バロン教授は「メディアの担当者が『読者が混乱しないか』と相談してきますが、私は心配していない。口語ではいろんな場面で使われている用法だから」といいます。例えば、古くからよくみられる「Everyone loves their mother.」（誰でも自分の母親を愛している）という表現の中の「Their」も単数形です。

誰もが傷つかない表現を目指して、ことばの「変革」は続きそうです。（坂上武司）

「普通においしい」はどんな味?

●プラスの意味に変身

「普通においしい」という言い回しをよく耳にするようになりました。普通の味なのか、おいしいのか。年配者にはまだ抵抗感のある表現ですが、「予想外に」「当たり前に」などの意味で定着しています。

いつごろ生まれた表現なのでしょう。小学館元国語辞典編集長の神永暁《かみながさとる》さんは、2000年以降に生まれたのは確かなようだとみています。「平均的、一般的であるという意味で使われ、ニュートラルか、ときとしてマイナスの意味合いで使われてきた。ところが、プラスの意味にとらえられて普通においしい、普通にかわいいのような言い方が生まれた」とします。

このような「普通に」の登場は、9・11米同時多発テロや東日本大震災などの〝想定を超える〟できごとを経験し、社会とそれを眺める私たちの気持ちが標準的であることを良しとする方向に変化したことによるのではないか。ノートルダム清心女子大の星野《ほしの》佳之《よしゆき》准教授（日本語学）は、大学のサイトのエッセーでそう指摘しています。

プラスの意味の「普通に」はすでに広く使われ、商品名にもなっています。「ふつうにおいしいたまねぎドレッシング」を製造・販売する京都・大原の「志野」を訪ねました。専務の辻俊輔《つじしゅんすけ》さん（39）によると、発売は2010年で、命名したのは父親の辻美正《よしまさ》社長と俊輔さん。

「たまたま見たテレビで、可もなく不可もなくの意味ではなく、王道としての普通においしいが若者の間で使われていると知って決めた」といいます。幅広い年齢層の方に、飽きがこず、長く使ってほしいとの思いをこめているそうです。

「普通に」は、今後も褒め言葉として使われていくのか気になるところです。神永さんは「本来の意味でも日常的に耳にすることばであり、俗語的な用法ではあっても俗語っぽさを感じさせない。使いやすいため、下の世代にも広がっていくと思われる」と分析しています。

（越智健二）

「大人しい」のルーツ

●元の意味が薄れた理由

民法の改正で、成人年齢が18歳に引き下げられることになりました。１４６年ぶりの変更です。「大人」とは何かがニュースでも話題になりました。

大人にまつわる言葉だと最近知って驚いたのが「おとなしい」です。「大人」を形容詞化したのが「大人しい」で、「大人らしい」が原義とされます。「温和しい」とも書きます。

筆者は子どもの頃、こう言われると、うれしくはありませんでした。「活発ではない」と言われたように感じたからです。

日本国語大辞典は①年長者らしい思慮、分別がある②成人している。大人びている③従順、温和である。穏やかである。落ち着いている④着物の柄などが地味で落ち着いている、の意味を載せます。現代では主に③の意味で使われます。

古語大辞典（小学館）は「穏やかだ、すなおだ、温順だ」について、中世以後に現れて主流となったとします。

「穏やか」は大人の一面にすぎないのに、なぜでしょうか。

東北大学の小林隆《こばやしたかし》教授（方言学、日本語史）は「昔は元服、成人という大人への区切りは、社会的な責務を帯びた重要なものだったが、今はその区切りが薄れている。社会の変化が、大人のふるまいをさす『大人しい』の元の意味を薄れさせたのではないか」といいます。また、もの静かな様子を言い当てた言葉として定着していった可能性も指摘します。

かつての「大人しい」と似た意味の言葉に「大人っぽい」があります。小林さんは『大人っぽい』は内面的な大人らしさというより、顔つきなど表面的な様子をさして使うことが多い」とみます。

今では、大人のイメージを「大人の休日」「オトナ流」などと肯定的にうたう広告をよく見かけます。高齢化社会を迎え、より成熟した年代を「大人」で表し、魅力的なものと捉えているのかもしれません。


（松本理恵子）

主客逆転の「課金する」

●「徴収」から「支払う」へ

「アイテムがほしくて、思わずゲームに課金しちゃった」

このように、サービスに対してお金を支払う意味で「課金する」と使う例をみかけます。

辞書では「料金を負わせること」（広辞苑）という意味で、本来はお金を徴収する側の言葉です。冒頭の文は主客が逆転した使われ方をしているのです。

この新しい使われ方について男子高校生（17）に聞くと、「違和感はない。むしろ古い使われ方を見たことがない」。

スマートフォンの普及とともに、アイテム（ゲームを有利に進めるために効果的なもの）などを手に入れるため、その都度お金を払う「課金制ゲーム」が流行。この「課金」を「アイテムにお金を払うこと」という意味に読み取った人が多かったのではないでしょうか。

他の言葉にも変化は見られます。「募金」は、もともと「寄付金を募ること」ですが、寄付することや自分が寄付したお金のことを「募金」と呼ぶことがあります。複数の使い方があっても混乱することはないでしょうか。梅花《ばいか》女子大学の米川明彦《よねかわあきひこ》教授（日本語学・俗語研究）は「限られた場での使用なら混乱はない」。ゲームの利用者同士など集団の中で同じ文脈が共有されていれば、別の使い方があっても意味は伝わるというわけです。

「課金」の使い方の変化について、明治大学の小野正弘《おのまさひろ》教授（国語学・意味変化）は、「課題」という言葉を見ても、相手が課す問題というより自分が解決すべき問題という理解の方が一般的で、「課すという言葉の意味が、よく理解されなくなっている」といいます。

その上で、「(相手が) ゲームを作って支払額を決めて課した」というプロセスより、「(こちらに) 料金の支払いが発生した」という結果が重視されているため、自分のほうが責務を果たす必要があると受け止めてしまうのではないか、と分析します。

（田辺詩織）

「食べ歩き」の正解

●「歩きながら食べる」が一人歩き

神奈川県鎌倉市が2019年4月に施行した「公共の場所におけるマナーの向上に関する条例」が話題です。ネットでは「食べ歩き自粛条例」などと紹介されています。観光地なのに食べ歩き＝「めずらしい食べ物などをあちこち食べてまわること」(日本国語大辞典)がダメなのでしょうか？

条文を読むと、とがめられているのは「歩きながらの飲食」。私もソフトクリームを歩きながら食べた経験はあります。それが、最近は揚げ物などにも広がり、ゴミのポイ捨て、汚れた指を店先の商品で拭く……などが問題となっています。

見た限り、紙の辞書の「食べ歩き」に「歩きながら食べる」の説明はありません。文法の解説書を見ると、日本語の複合語は「後の方が主となることが多い」とあります。例えば「花見」。花を「見る」ことが主だから後ろにあります。この原則からすると「歩きながら食べる」は「歩き食べ」あたりが妥当でしょうが、辞書には見当たりません。

ＮＨＫ放送文化研究所のサイトには、「歩きながら食べる」の意味の「食べ歩き」は避けた方がよい、とあります。が、先日のＮＨＫニュースでこの件を「食べ歩き」と伝えていました。ＮＨＫ広報に尋ねると「鎌倉市が『食べ歩き』と表現していることもあり、本来の意味ではないが番組の意図は十分伝わると考えた」とし、「歩きながら食べる」として使うこともあるようです。

確かに鎌倉市の条例では、制定趣旨などで「食べ歩き」が使われています。朝日新聞にも「歩きながら食べる」の意味で「食べ歩き」を使っている記事が複数ありました。

辞書の「食べ歩き」に、「歩きながら食べる」という意味が新たに追加される日が来るのも遠くないのかもしれません。

（坂井則之）

「刺さる」のひとこと

●ストレートに心に響く

とがったものが突き立つ様子を表す動詞「刺さる」。「歌詞が胸に刺さる」など、心の動きの鋭さを感じさせる比喩でも使われてきました。比喩の場合、従来は「どこに」を明示する語と一緒に使われることが多かったのですが、最近は「歌詞が刺さる」などと、場所を示すことばが省かれているケースが目立ちます。

２０１９年９月に発売された三省堂の国語辞典「大辞林　第４版」では、「刺さる」に「(比喩的に) 衝撃や感銘を与える。心に響く」という説明が新しく加わりました。「どこに」の要素が省略された「ストレートな言葉が刺さる」という例も、今回から掲載されています。

この用法の変化について、早大名誉教授で日本語学者の中村明《なかむらあきら》さんは「心に強く働きかける意味を持つ動詞『訴える』にも、かつて似た変化が見られた」と指摘します。

もともとは「心に訴えるものがある作品」の形で使われていましたが、後に「この作品には訴えるものがない」などの言い回しが広がり、定着したのだと言います。

消費者の目を引く、「刺さる」ことばが求められる広告業界での経験が豊富なコピーライターの弓削徹《ゆげとおる》さんは、個人の意見を発信・共有するネットやＳＮＳでも、このことばをよく目にする、と話します。

「情報の発信が簡単になった一方で、受け手の側に回れば、あふれる情報のどれが自分に必要なのか、探すには手間も時間もかかる。自分ごととして意味のある『刺さる』情報の価値は高まっていて、このことばの流行に一役買っている面がある」。こう分析する弓削さんは、受け手の立場に配慮し、一方的な物の言い方にならないよう工夫した表現が人の心に刺さりやすいと言います。

お二方とも刺さる解説でした。

（市原俊介）

「〜そう」の違和感

「だ」は省かれやすいそうな

テレビのナレーションで、「〜そう」という表現を聞いたことがありませんか。人から聞いた話を伝える時の言い方で、「〜そうだ」「〜そうです」とせずに「〜そう」で言い終わります。言葉足らずな言い方だとずっと違和感がありました。

『三省堂国語辞典』は最新版・第7版（2014年発行）で初めて項目を立てました。

そう「そうだ（助動）」の語幹。「花よめさんはうれし―・新作のロールケーキも人気だ―・効果がある―よ〔女〕」

「説明と例文は私が書きました。『新作のロールケーキ』の例はわかりやすく、見つけたときは喜びました」。同辞典編集委員の飯間浩明《いいまひろあき》さんはこう振り返ります。

飯間さんによると、「今日は日曜日だ」→「今日は日曜日」（名詞）、「私は大丈夫だ」→「私は大丈夫」（形容動詞）、「まるで夢のようだ」→「まるで夢のよう」（助動詞「ようだ」)、「花嫁さんはうれしそうだ」→「花嫁さんはうれしそう」(助動詞「そうだ」の「様態」と呼ばれる用法)といった例をみてもわかるように、「だ」は省かれやすいのです。

言い換えれば、「だ」は着脱可能であり、助動詞「～そうだ」の伝聞用法も「だ」をつけなくてもよいではないか、というのが言葉を使う人のごく自然な(無意識の)思いでしょう、と飯間さんは説明します。

「日本国語大辞典」の「そうだ」の項目の「語誌」には「室町以降用いられた助動詞で、はじめ終止形は『そうな』であったが、近世中期ごろから『そうだ』の形もつかわれるようになった」とあります。

ナレーションを現代の語り部のようにとらえ、「～そう」と言い終わったら心の中で小さく「な」と語尾を補って聞いていれば、そのうちなじんで、違和感も消えていくのかも知れません。「そう」も「そうな」も柔らかい言い方だから。

(奈良岡勉)

広辞苑初登場の「角打ち」

●酒屋で升からぐいっと

飲み屋街やグルメサイトで見かけることが増えた「角打ち」。日本国語大辞典には九州の方言として「升にはいったままの酒を飲むこと」「酒屋で立ち飲みすること」とあります。最近は立ち飲み居酒屋などにも使われていますが、「酒屋で」飲むことが本来の意味です。

読み方は「かくうち」。酒屋の一角で飲むから、と筆者は思っていました。語源に詳しい京都先端科学大学の丸田博之《まるたひろし》教授によると「角は『四角』。隠語として升を指す。『かどうち』でないのは、升の『かど』ではなく升そのものから飲むからではないか」。そして「『打ち』はなみなみと注がれた酒が波打つ様に似ているから。更に将棋の角打ちをもじったのでは」と推察します。なお東北では「もっきり」と言い、「盛り切り＝升の中にグラスを入れ、そこにあふれるほど酒を注いで出すこと」から来ているそうです。

「酒屋の一角で飲む」については「そういう説もあるが、角打ちが『酒屋の片隅で』なされるようになって以降の『後付け』だろう」（丸田教授）とのことでした。

２０１８年、10年ぶりに改訂して第7版となった広辞苑。初登場の言葉が約1万語あり、「角打ち」もその一つ。岩波書店によると「モバイル版でこの言葉の検索数が第6版以前より約3倍になった」そうで、それも採用の後押しをしたようです。

愛好者グループ「北九州角打ち文化研究会」会長の吉田茂人《よしだしげと》さんは「気軽さ・親密さ・値頃感といった角打ちのイメージが共感を得ている」と受け止め、広辞苑に収録されたことは「発信を続けてきた会として感慨深い」。一方で「酒店は後継者難などで激減している。角打ちの価値を新たな時代にも伝えていければ」とも語っています。

（中原光一）

人気の「クラフト」

●素材・作り手の物語が醸す味

「クラフトビール」に、「クラフトジン」。お酒に詳しくない方も耳にしませんか。「クラフト」は、辞書では「手仕事による製作」で、「ペーパークラフト」など工作や手芸の分野で使われましたが、最近では「職人技」に加えて「個性」も感じさせる言葉となっています。

１９９４年の酒税法改正をきっかけに各地で「地ビール」が生まれましたが、ほどなくブームは沈静化。その後も研究を続けた醸造所がより高品質なビールを開発し、00年代中ごろから「クラフトビール」と呼ばれて大人気です。地元産の柑橘《かんきつ》類などローカルな素材を生かした個性派が多く、酸っぱさや苦みの強いものなど種類も豊富です。

ここ数年で増えたクラフトジンも、素材にこだわり、お茶やサンショウなど「和」を前面に、海外進出しているものも。

大量生産ではないだけに価格は割高です。人気の背景には、おいしさに加えて「どこの誰が、どんな材料でどうやって作ったのか」と「物語」も楽しむ人の増加があります。均質で万人受けする工業製品の大量消費から変わってきているのです。

最近では「クラフト調味料」という言葉も出現。みそや醤油《しょうゆ》といった発酵食品は、地域や、醸造する蔵、さらには樽《たる》や桶《おけ》の一つ一つにすみ着いた菌の違いが、味の差となるそうです。

タンクではなく木桶を使う醤油造りが今もさかんな香川県小豆島。次代に残そうと、木桶職人の育成にも取り組む「ヤマロク醤油」の5代目、山本康夫《やまもとやすお》さんは「発酵調味料の味は、菌を含む地元の生態系によって造り出される。素材も調味料も地元でできたものを使ってきた、それが『郷土料理』ですよね」。

慣れ親しんだ地元の味、初めて訪れた土地で出会う味……。誰かが決めたランキングや知名度から離れて、酸っぱさも苦みも丸ごと味わい、「私はこの味が好き」と言えるものが見つかれば、楽しみも広がりますね。

（薬師知美）

「価値観」が「価値感」に？

共感求め、広がってる感

これまで「価値観」と書かれてきたカチカンが「価値感」になっていたら、やはり違和感がありますか？　何に価値を認めるか、判断を下す時の物の見方を意味する「価値観」を「価値感」と表記している例が最近目立つ、という声があります。

20年前にはすでに、課題のリポートに「価値感」と書く学生が半数以上だったというのは、武庫川女子大学で教授（臨床心理学）を務める佐方哲彦《さかたてつひこ》さんです。

佐方さんは表記の変化は社会の変容を反映している、と考えています。「主体的に物事を捉える行為を表す『観』に比べ、『感』には受動的で直感的な意味合いがあります。時間をかけて自分なりの意見を吟味するよりも、誰かに共感してもらえるよう、あいまいで感覚的な表現を選ぶ傾向は、現在さらに進んでいるのではないでしょうか」

そう言われてみると、確かに「感」がつく新たな表現が身の回りに増えた気がします。ものごとの大きさを示すのには「規模感」が使われ、利用者同士で中古の洋服などを取引するアプリでは、どの程度商品が傷んでいるのか、「使用感」は重要な情報です。筆者は10年ほど前、仕事の進み具合の程度を「スケジュール感」と言うのを初めて聞いて驚きましたが、その後目にする機会が増えました。

三省堂国語辞典は、２０１４年に改訂した第7版で、見出し語「感」の語釈に「最近は、いろいろな単語や句について名詞をつくる」と追加しました。

同辞典編集部は「造語力の豊かさが近年特に目立つため、異例ですが注記しました」といいます。「『束感《たばかん》』や『抜け感』『やりきった感』など、新しいことばが次々現れている。既存の表現に『感』がつくだけで新味が加わり、アイキャッチの効果も期待できる。将来の改訂では『○○感』という見出し語を立てる可能性もありえます」。今後も「目が離せない感」がありそうです。

（市原俊介）

「せこい」は誤解されやすい

●徳島特有の意味

2018年春先のことです。徳島県に住んで5年たつ徳島大学教授の村上敬一《むらかみけいいち》さんが、風邪で病院に行きました。前の患者が診察を終えた後、地元医師のこんな一言を耳にしました。「あの患者さん、せこそうだな」

「受診料以外に心付けが必要なのだろうか」——。一瞬そう思ったと話す村上さんは、熊本県出身で日本語学が専門です。

出身が徳島県以外の多くの人は「せこい」を「けちくさい」「ずるい」という意味に捉え、患者からの謝礼について医師がつぶやいた、と受け取ったのではないでしょうか。

村上さんは「せこい」が方言だと気づきました。徳島県とその周辺で、つらさや苦しさを表す時に使われます。せきがひどい患者を診た医師が「あの患者さん、つらそうだな」と言ったと分かりました。

ほかにどのように使われるのでしょう。地元の人に聞きました。医療機関では、ぜんそくや肺炎で「息がせこい」、鼻詰まりも「せこい」と息苦しい症状を伝える時に使うと言います。

医療機関以外では「水泳の練習はせこかった」「マラソンはせこくなるので嫌い」「もう年だから階段を上るのがせこい」という具合に、幅広い世代で口にしているようです。

村上さんは、苦痛を表す由来をこう考えます。「風邪の時や運動後、空気の通り道が狭く感じます。流れを遮る『せく』から、息苦しさを表す『せこい』ができたのでしょうか」

ただ、誤解を招きやすい表現のため、県外では「しんどい」に言い換える人もいます。しかし、地元の50代の女性はこう強調します。「『せこい』を使うと、表現したい体の感覚が込められていると実感できます」

体調が悪そうな時、徳島県の人から「せこうないですか」と声をかけられたら、「大丈夫です」と返したいです。相手への思いやりも、この方言を使う人には込められていますから。

（佐藤司）

テレビで知名度を上げた「レシピ」

●医者の処方箋から転用

ナスやナシ。秋の訪れを告げる食材が出回り、それらを使う料理も目にする機会が増えてきました。

料理に関する記事で見かける「レシピ」。本来は医者の処方箋《せん》に用いられました。recipeは「受け取る（receive）」を意味するラテン語の命令形で、処方箋の冒頭に書かれた語。決まり文句といえるものでした。やがて処方箋と似たものも指すように意味が拡大しました。オックスフォード英語辞典によると、処方箋以外の意味では遅くとも18世紀には使われており、19世紀には「レシピブック」という語も生まれたようです。

もっとも日本で「レシピ」が一般的になったのは、この20～30年ほどのことだと思われます。「調理法」の意味で「レシピ」が紙面に頻繁に登場するようになったのは、2000年ごろから。例えば1988年2月の紙面では、「レシピ（調理メモ）」

という説明付きの表現になっており、現在ほどは一般的ではなかったことがうかがえます。岩波国語辞典が「レシピ」を掲載したのは第5版（94年発行）から。約400冊の著書がある料理研究家・村上祥子《むらかみさちこ》さんも自身が「『レシピ』を初めて使ったのは85年の本」と語ります。

更に村上さんは「知名度が上がったのはテレビの影響が大きいのではないか」とも。「料理の鉄人」や「ビストロスマップ」のように、料理人同士が対決したり、芸能人が二手に分かれて料理を競ったりする番組。そこで披露された料理の「レシピ集」が料理本としては異例のミリオンセラーになったものも。

堅苦しい講義スタイルとは一線を画した娯楽的要素を含む番組や本と、従来なじみのなかった「レシピ」という語とがマッチして、このことばを一気に有名にしたのでしょう。

（小汀一郎）

「大丈夫です」の真意

●相手への配慮表現!?

スーパーで「箸をおつけしますか?」と聞かれた時、自分が口癖のように「大丈夫です」と答えているのに気付きました。飲みに誘われて「(予定があるので)大丈夫です」と答えるのを耳にすることも。拒否か承諾か分からず、読者からも「『断られている』と変換できずに戸惑う」との声が寄せられています。

「大丈夫」の元の意味は「立派な男子」。そこから、形容動詞として「きわめて丈夫であるさま。あぶなげのないさま」や、副詞として「まちがいなく。心配はいらない」の意味で使われます。

明鏡国語辞典(第2版、2010年)は俗用として「相手の勧誘などを遠回しに拒否する語。結構。(そんな気づかいはなくても問題はないの意から、主に若者が使う。本来は不適切)」と新用法を紹介します。

ノートルダム清心女子大学の尾崎喜光《おざきよしみつ》教授(社会言語学)が岡山市の81人を対象に

行った調査（13年）では「（お茶のおかわりは）大丈夫です」を使うのは約4割。20～30代では7割、40～50代は3割、60～70代は1割弱と、若い世代で広まっていました。尾崎教授は「今の若者は人に迷惑をかけることに敏感。相手や自分に不利益のある状態を想定し、『問題はないですよ』と気遣って伝える配慮表現では」と説明します。

遠回しな断りには「結構です」もあります。尾崎教授は「『結構です』は言葉は丁寧でもきつく響くことがある」。四半世紀前、「平気です」を使う人が増えたと感じたそうですが「その後あまり普及していないようだ」。一方「大丈夫です」はこのまま定着しそうだと言います。

大丈夫は元々安心させる意味があるため、角がたたない気がします。相手を不快にさせないよう慎重な人が多い時代に好まれると感じます。（松本理恵子）

「にわかファン」揶揄を払拭

●ラグビー熱で流れが変わる

「にわかファン」。ファンになって日が浅い人を揶揄《やゆ》する意味でこう呼ぶことがあります。

「にわか」自体の意味は「急に変化が現れるさま」（広辞苑）。これが「にわかファン」となるとなぜネガティブな意味をもつのでしょう。

梅花《ばいか》女子大学の米川明彦《よねかわあきひこ》教授（日本語学・俗語研究）は「話し手の立場によって変わる」と説明します。「『急な』という意味だから、人について言えば侮蔑的になりやすい」。一時的にブームに乗っているだけの「急になったファン」ということは、自分について言えば自虐や謙遜の、他人に対して使うと揶揄のニュアンスが含まれてしまうようです。

ところが2019年のラグビーワールドカップ（W杯）日本大会では、この「にわかファン」が盛り上がりに大きく貢献し、この言葉は新語・流行語大賞にもノミネートされました。

そんなラグビー界では今、この言葉の力を借りて人気を定着させようとする動きがあります。

トップリーグが行われている秩父宮ラグビー場（東京）には「#にわか」の文字が大きく掲げられたフォトスポットが20年から設置されました。ラグビー協会トップリーグ部の瓜生靖治《うりゅうやすはる》さんは「ありがたいことに、新しくファンになった人がたくさん来ている。『にわか』であることを恥ずかしがらず、楽しんでほしいという気持ちを込めた」。

「ネガティブに使われることもあるから不安だったが、好意的なご意見を多く頂いている」とも語ります。「にわかファン」を軽く見たりのけ者にしたりせず、むしろ温かく迎え入れる。W杯を経たラグビー界では、そんな空気が育っているようです。

（田辺詩織）

新たな「そうなんですね」が広まる

●共感してる？　冷めてる？

初めて知る事実に接したときに発する相づちは「そうなんですか」です。しかし最近は、「まったく同感です」という同意を表す相づちの「そうなんですね」を代用する人が増えています。特に40代以下の人がしばしば発するようです。

筆者が初めて耳にしたのは十数年前。当時は、関心がなさそうな返答に思えて奇異な感じがしましたが、今では対談などでよく出るようになり、身近になりました。

１９９０年代までの記事で見当たるのは、同意を表す元々の「そうなんですね」ばかり。「そうなんですか」と同じニュアンスの「そうなんですね」だとはっきりいえる例が登場したのは２０００年で、10年代に入ってから急増しています。

新たな「そうなんですね」はなぜ広まったのでしょうか。

大東文化大の冨樫純一《とがしじゅんいち》准教授（日本語学）は、「自分の知らなかったことには『そうなんですか』を使う方が自然。『そうなんですね』を使うのは、『ね』が持つポジティブなニュアンスを利用し、相手との距離感をほどよく保つためではないか」と話します。そのうえで「つかず離れずの人間関係を求める近年の風潮に合ったのでは。学生よりも、それなりに社会性を備えた年齢層がよく使う印象がある」と分析します。

一方、例えばアナウンサーの梶原《かじわら》しげるさんは、著書で「機械的に応え、つなげるべき会話を『ズドン』と終わらせる相槌《あいづち》」と、「そうなんですね」の新しい使い方を批判しています。こういった批判について冨樫さんは、「ね」は様々なニュアンスを含むため、「そうなんですね」が「そんなことは既に知っていますよ」と解釈され、「相手を突き放すように聞こえる場合があるのではないか」と分析しています。

（田島恵介）

「生誕祭」の新しい用法

●偉人だけでなくアイドルにも

11月26日午前0時をすぎたころ、ツイッター上でこんな言葉が飛び交いました。

「大野《おおの》智《さとし》生誕祭」

人気アイドルグループ嵐のリーダー、大野智さんの誕生日を祝うファンたちのつぶやきです。

「生誕祭」と銘打ってアイドルやキャラクターなどの誕生日をネット上で祝うことが目につくようになりました。

アイドルのファンが誕生日を祝うイベントは古くから行われてきましたが、ネット上で一斉に祝うようになったのはＳＮＳの発達によるものです。

ツイッターで多くの人がつぶやくと「トレンドワード」として他の人の目に留まりやすくなる機能があります。人気が可視化されるため、ファンは必死でつぶやくのです。

近年、こんな使い方が増えている「生誕祭」ですが、岩波国語辞典をみると「生誕祭」を用例に挙げて、「生誕」を「多く、偉人などについて言う」と説明しています。いまは、より親しみを感じさせるアイドルなどにも使われるようになっています。

朝日新聞の記事データベースを調べると、「エルビス・プレスリーの生誕祭」「大隈《おおくま》重信《しげのぶ》の生誕祭」などと使う例がみられました。どちらも１９８０年代の記事で物故者です。

これらの用例のように、本来は有名な物故者にしか使わないのではないか、という指摘もあります。

辞書編纂《へんさん》者の飯間《いいま》浩明《ひろあき》さんは、有名な音楽家などが誕生してからの節目を大々的に祝う習慣から、使われるようになったのでしょうと推測します。そして「アイドルなどの誕生日を大々的に祝うようになったのが最近であれば、それに伴って新しい用法が生まれても、全く不思議はありません」と話しています。

（加藤順子）

「一定評価したい」という言い回し

「基本、」と同様、どんどん副詞化

政策などについて、「一定評価したい」などという言い回しを目にすることがあります。「一定の評価をしたい」または「一定程度評価したい」というのが自然な気がします。

似たような言葉に「基本」「原則」などがあります。これらも「基本的に」「原則として」というのが一般的だったものが、「基本、家にいます」「原則、認められない」のように、文全体に副詞的にかかる使い方が広まっています。

書き言葉や話し言葉の資料を体系的に収集し研究用の情報を加えたデータベース「コーパス」が専門の国立国語研究所の小木曽智信《おぎそとしのぶ》教授は、「一定」のこのような使い方について、1990年代から使われるようになり、その後増えているようだと分析します。

なぜこのような変化が起こったのでしょうか。小木曽さんによると、「ある程度」

という副詞的表現が広く使われ日常語化していったために、その改まった言い換えとして「一定程度」という表現が使われるようになり、そこから「程度」がとれた「一定」だけで副詞的用法をもつに至ったと考えられるそうです。「ある程度」は逆に、用例が減っているようだともいいます。

「評価」だけでなく「一定理解できる」などと使われることもあります。これらの言い回しは国会議員や首長などの発言に多い傾向があると感じられます。小木曽さんは「文章語起源の硬い言葉が口頭で使われる中でおきた変化だろう」と推測します。書き言葉でも使われている例もありますが、わずかだそうです。

新聞でも「原則」「基本」などについては副詞的な用法も使われるようになっています。「一定」も今後書き言葉にまで広がるのか注目していきたいと思います。

（竹下円）

2

ことばの最前線！ 新語が生まれるとき

なぜ「自分ごと」が生まれたか

●「私」を前向きに主張

最近「自分に関係があること」の意味で「自分ごと」という言葉を見聞きすることが増えています。

友人の女性（25）も、上司から「(ひとごとではなく) 自分ごととして考えろ」とアドバイスされると言います。しかし、この言葉、主要な紙の辞書には見当たりません。

複数の新聞データベースで「自分ごと（事）」を調べてみると、１９９０年代初頭にも同様の意味で使っている例がありました。しかし、２０１０年代以降、特にこの1年でぐっと使用例が増えています。

辞書編集者の神永暁《かみながさとる》さんによると、古くは矢田津世子《やだつせこ》の小説「父」（１９３５年）や子母沢寛《しもざわかん》の小説「逃げ水」（59～60年）などにも「自分ごと（事）」は出てくるそうです。

ただ、最近の使われ方には、単なる「自分に関する事柄」という意味から一歩進んで「『他者と区別した』自己に関すること」という意味への変化を感じると言います。

秋月高太郎《あきづきこうたろう》・尚絅学院《しょうけい》大学教授（言語学）は、一見似たような「私《わたくし》ごと」や「我《われ》がこと」があるのに、なぜ「自分ごと」が生まれたのかに着目します。「私《わたくし》」や「我」は古風で格式張った印象があるため自称詞として使いづらく、また「私ごとではございますが」のように「私ごと」は控えめ・消極的な文脈で使われる機会が多く、「自分ごと」のように積極的な意味で使われる場面にはなじまないのでは、とみます。

神永さんも「外界や他者と区別された自己という意識」を強調できる言葉として「『私ごと』では言い換えのきかないものが多い」と指摘します。

SNSで世界の出来事や不特定の他者の声が耳に入る現代。「私」を前向きに主張する「自分ごと」は時代を映した言葉だと感じます。

（米田千佐子）

カミ・オニで強調

●「神対応」「鬼速い」の神秘現象

新年は初詣などで神様を身近に感じる時期です。そんな「神」を、物事の程度を強調する言葉として使う人が増えています。もとは若者らが主にネットの世界で使っていた用法が一般に広まってきています。

「神対応《かみ》」という語を見聞きしたことはありますか。「心配りの行き届いた対応」といった意味。ファンへのサービスに熱心な芸能人に対してや、機転を利かせてトラブルをうまく処理した際などに使われます。

「現代用語の基礎知識２０１７年版」は「神」について、「何かのレベルが神の領域であり、超すばらしいこと」と解説します。「神曲《かみきょく》」や「神《かみ》ゲー（ゲーム）」、親友ならぬ「神友《しんゆう》」など、名詞を修飾します。

子どもたちが接する児童文学や絵本には様々な神様が登場します。日本昔話学会委員の立石展大《たていしのぶあつ》・高千穂大学教授（民間説話）は、正しい行いをする者に祝福を与える存在として描かれる「神」をプラスの強意表現で使うのは、「日本人の一般的な神に対する理解にも沿っているのだろう」と指摘します。

2月には節分を迎えますが、「鬼」を付けるのも最近の新しい強意表現の一つです。「とても。やばいくらい」（現代用語の基礎知識）を意味し、「鬼強い」「鬼速い」のように形容詞の前に付く例が多いようです。

より短い言い回しを好む若者の言葉らしく、「鬼のように」を省略した形で使われるようになりました。鬼には恐ろしい印象がありますが、「鬼うまい」「鬼かわいい」など、多くは好評価を強めて使われます。

立石教授によると、風神や雷神などの荒ぶる神が鬼の姿で描かれるように、古くは「カミ」と「オニ」は同義だったといいます。「現代に、神と鬼の使われ方に共通するところがあるのは面白い」と立石教授。好んで使っている人たちが知ってか知らずかは定かではありませんが、何とも神秘的な現象です。

（永川佳幸）

ネット空間の「打ち言葉」

●「おｋ」「草」…個性表現の形？

インターネットやＩＴ機器の広がりにあわせて、文字は手で書くものであると同時に、「打つ」ものともなりました。

「鬱《うつ》」「彙《い》」などの複雑な文字が容易に表示できるようになり、これまでの表記では伝わらなかった情報を補うため、顔文字や絵文字が盛んに用いられるようになりました。

加えて、ネット空間には意図的に誤記・誤変換する表記も多く見られます。たとえば、ＯＫを表す「おｋ」、アカウントを意味する「垢《あか》」、お疲れさまの意の「乙《おつ》」、主に文末につく（笑）の意で、warai の頭文字ｗを草の形に見立てた「草《くさ》（生える）」が挙げられます。

文化庁は２０１８年３月、「分かり合うための言語コミュニケーション」という報告を出しました。その中で「おｋ」などを「『打ち言葉』の特性に由来する独特な表記」と位置づけています。

「打ち言葉」は「書き言葉」の一種ですが、携帯メールやSNSでやりとりする際に用いられる「くだけた話し言葉的文体」のことを指します。

東洋大学の三宅和子《みやけかずこ》教授（社会言語学）は、こうした文体を「超言文一致体」と名づけました。その文体に用いられる独特の表記には、正しいとされる規範からあえて逸脱しようとする性格が見られるといいます。

文化庁の報告は、それらの表記を「新しいコミュニケーションの形」と評しましたが、世代によって浸透度は異なると指摘しました。10代の5割が「おk」などを「使うことがある」と答えたのに対し、50代以上では「見たことがない」人が6割を超えたそうです。

「独特な表記」が増えているのは、手書き文字に備わる個性を電子メディアでも表現したい思いの表れとも受けとれます。

とはいえ報告は、「俗語的な印象の強い誤変換由来の表記は広く受け入れられるには至らない様子がうかがえ」る、と注意を促しています。

（田島恵介）

「モフモフ」への共感

●「フワフワ」「フサフサ」を超えて

犬や猫、ウサギ、アルパカ……。動物の豊かな毛並みの様子を、「モフモフしている」と表現しているのを見たことがありませんか？　毛足の長い動物をなでることを「モフる」、動物そのものをさして「モフモフ」と呼ぶこともあるようです。

いかにも柔らかそうな雰囲気のあることのことば、書籍の国語辞典にはまだ見当たりません。一方で、ＮＨＫでは動物番組のタイトルとして使われたり、ＳＮＳでは動物の写真に添えられていたりと、何かと目にする機会が増えています。

ことばが人に与える印象について研究する電気通信大教授の坂本真樹《さかもとまき》さん（認知科学）によると、モフモフが使われるようになったのは２０００年代に入ってから。10年あまりであっという間に広がったそうです。「音の響きそのものが、それまで使われることの多かった『フワフワ』や『フサフサ』よりも優しく、あたたかいのが特徴。柔らかさを表すだけではなく、対象への愛情をこめて使われることが多いのでは」

モフモフやフワフワなど、物事の様子を表す擬態語や、動物の鳴き声などをさす擬音語を「オノマトペ」といいます。国語学者の中村明《なかむらあきら》さんの「語感の辞典」によると「通常、擬声語と擬態語との総称」で、「物事を感覚的にとらえるオノマトペの豊富なことが日本語の語彙《ごい》の特徴の一つ」とされます。

モフモフのような新しいオノマトペが作られる背景には、既存のことばでは言い表せない、自分が感じているままの感覚を相手に伝えたいという、ことばの使い手の強い思いがある、と坂本さん。

「新しい表現が受け手の『そうそう。まさにそんな感じ』という共感を生むと、たくさんの人が使うようになる」。モフモフは動物の毛という具体的な手触りのあるイメージと結びついたことで、共感が生まれやすくなったのではと指摘します。

（市原俊介）

「いつぶり」っていつ以来？

●「〜ぶり」のとんでもない誤用

「まぐれです。いつぶりだろう」。プロ野球で２０１８年、初本塁打を放った選手のコメントです。この「いつぶり」という言葉に違和感はありませんか。以前は若い人が使う言葉のイメージでしたが、最近では若者以外も使うようになりました。

「いつぶり」の「ぶり」は、辞書には「《時間を表す語に付けて》それだけの時がたった後に、新たにまた、そうする（なる）ことを表す」とあります。本来「〜ぶり」の「〜」には経過した「時間」が入り、ピンポイントの「日時」は入りません。

明鏡国語辞典には「大学二年ぶりの再会など、『ぶり』の前に〈物事の始点〉がくる言い方は誤り」とあります。冒頭のコメントで、前回本塁打を放ったのが具体的にいつなのかを話題にしたいなら「いつ以来」とするといいのでしょう。

ではなぜ「いつ以来」ではなく「いつぶり」と言ってしまうのでしょうか。小学館の元国語辞典編集長の神永暁《かみながさとる》さんは「『以来』という漢語的な表現を避けて、口頭語として柔らかな表現を求めたのかもしれません」と指摘します。「ぶり」は「3週間ぶり」「3年ぶり」といった具体的な時間を表す語につくほか、「何日ぶり」「しばらくぶり」のようなはっきりしない、具体的な長さを表さない語とも結びつきます。そのため「いつ」という語も同じように考えて結びつけた可能性がある、と神永さんは推測します。

「いつぶり」以外にも、「小学生ぶりのショートヘア」や「修学旅行ぶりの京都」などと使われることもあります。

さらには「1988年以来」とすべきところを「1988年ぶり」とするような誤りまで見られるようになりました。これでは前回は、紀元31年になってしまいます。さすがにこれは誤用と感じる人が多いでしょうが、「以来」より「ぶり」を選ぶ流れがどこまで進むのか、気になるところです。

（窪田勝之）

「ディスる」という造語法

●「茶漬る」のセンスは江戸から

「空前絶後のディスり合戦開幕！」。話題の映画「翔《と》んで埼玉」のうたい文句です。埼玉県人にはそこらへんの草でも食わせておけ、と東京都民から埼玉が過激にディスられる架空の設定ながら、なぜか地元で大ウケ。さっそく鑑賞し、大いに笑って埼玉愛に胸が熱くなりました。キーワードは「ディスる」です。

「現代用語の基礎知識２０１９」によると、「ディスる」は「軽蔑する、けなす」の意で、英語の「ｄｉｓｒｅｓｐｅｃｔ（ディスリスペクト）」から。

文化庁はすでに13年度の「国語に関する世論調査」で、外来語や名詞に「る」「する」をつけて動詞にする言い方を調査、「サボる」「パニクる」などとともに「ディスる」も対象でした。結果は「聞いたことがない」73・７％、「使うことがある」５・５％。ところが、当時の16～19歳と20代の年齢層に限ると３割超が「使うことがある」。現在ではもっと上がっているのではないでしょうか。

近ごろはドラマの題名にも使われている「バズ（buzz）る＝SNSなどで一躍話題になる」など英語に「る」をつけて使う若者言葉がネット上に目立ちます。

いま風の造語法のようにもみえますが、辞書編集者の神永暁《かみながさとる》さんは「江戸時代に、すでにこのようなことば遊びに近い感覚で新語が作られている」と著書「悩ましい国語辞典」で解説、例として「ちゃづ（茶漬）る＝茶漬けを食べる」などを挙げています。

「新しき言葉はすなはち新しき生涯なり」。島崎藤村《しまざきとうそん》は1904（明治37）年、「藤村詩集」の序にこう記しました。新しい言葉は私たち新しい世代が生んでいく――若き藤村の思いが伝わってきます。令和の若者はどんな新語を生むのでしょう。

（奈良岡勉）

面白き究極の1字略語

●「り」は？「マ？」は？

私たちの身の回りには様々な略語がありますが、1文字の略語があると聞けば皆さんも驚きませんか。

その代表的なものに「り」があります。これは「了解」を省略したもの。最近、若者を中心にスマホのメッセージなどで広まっています。

ＩＴ大手・バイドゥが２０１９年夏に発表した「10代女子が選ぶ流行《はや》りの若者言葉・略語ＴＯＰ10」では「り」が1位に。略語としては「りょ」も使われていましたが、同社プロダクト事業部の古谷由宇《ふるやゆう》さんは「『り』はここ2、3年で広まった感覚」。20代男性・女性への調査でも「10位以内には入るのでは」と性別や年齢層を超えた広がりを指摘します。

あと数文字を入力するだけなのに、なぜ？　1字略語をよく使う東京都の会社員沼《ぬま》舞子《まいこ》さん（27）は「たくさん来るメッセージに素早く返信できて便利」、別の大学生の女性（20）も「かわいい感じがする」と話します。他にも「マジ？」を「マ？」と省略するそうです。

1字略語の広まりについて、梅花《ばいか》女子大学の米川明彦《よねかわあきひこ》名誉教授（日本語学）は「1997年には、中途半端を意味する『ぱ』が使われているのを聞いた」といいます。当時は、使う人は限られたそうですが、2010年代に入ると、スマホが普及。テンポよくやり取りできる1字略語の「おもしろさ」が発見され、広まった可能性があるそうです。

古谷さんも「1対1のメールでやり取りする時代から、LINEのように複数のグループで、複数の人とやり取りする時代」になり、「効率性が求められるなかで、極端な略語が生まれたのでは」と推測します。

1文字という究極の略語。「マ？」と思うような若者たちの創造的な表現に、今後も注目していきたいです。

（本田隼人）

「おいしいです」は変?

●形容詞+「です」に薄れる違和感

「おいしいです」はテレビの食事場面でよく耳にしますし、「危ないですから」は駅のアナウンスで一般的です。でも形容詞に「です」を付けるこのような言い方は日本語として変だとしたら、どうしますか?

読者の方から、昔は学校で間違いだと教わったのに、「ことばサプリ」でも使われていて驚いたとご指摘を頂きました。

浅川哲也《あさかわてつや》・首都大学東京教授によると、明治の小説に「形容詞+です」で話す人物が登場しますが、その多くは地方出身者で、東京語からみると方言的な言い方でした。「です」は「だ」の丁寧形なので、「おいしいです」を元の形にすると「おいしいだ」となるからです。東京出身者が使い出すのは明治30年ごろからだと言います。

こうした経緯もあってか、戦前の国定教科書などで「です」は「でしょう」の場合を除いて形容詞には付かないとされていました。形容詞の丁寧形は、公式には「おいしゅうございます」とするしかなかったのです。

1952（昭和27）年、国語審議会が「『大きいです』『小さいです』などは、平明・簡素な形として認めてよい」と建議し、ようやくお墨付きを得ました。それでも現在の国語辞典に「言い切る形は書きことばでは使いにくい」（三省堂）などと書かれるのはなぜでしょう？

国立国語研究所の窪薗晴夫《くぼぞのはるお》教授は、「花がきれいです」は「花がきれいだ」の丁寧形なので「です」がないと文が完成しないが、「花が美しいです」は「花が美しい」だけでも文になるので、「です」に余剰感が生じると言います。

同研究所の野田尚史《のだひさし》教授は、今は「美しいですね」と終助詞を付ければ違和感がない人がほとんどで、将来は言い切り形も違和感がなくなると予測します。もはや「美しゅうございます」とは文章でも使いにくいので、当然なのかもしれません。

（板垣茂）

「ハッシュタグ」ということば

●「♯」じゃないよ「#」だよ

世界中のＳＮＳで使われ、セクハラ告発を後押しした「＃ＭｅＴｏｏ（ミー・トゥー）」。２０１８年の新語・流行語大賞トップ10に選ばれました。職場でパンプスなどの着用強制に異を唱える女性の「＃ＫｕＴｏｏ（ク・トゥー）」運動も話題です。

このようにＳＮＳの文章中で使われる「＃○○○」の部分をハッシュタグと呼びます。ＳＮＳ上の話題の閲覧・検索に便利です。「ハッシュ」は頭の文字「＃」のことで、一般的に番号を記す際に使われる記号です。「句読点、記号・符号活用辞典。」（小学館）には「井桁」「ナンバー記号」などに並んで「ハッシュ」も。「半音上げる」意味の音楽記号「♯（シャープ）」と似ていますが、並べると違いが分かります。

＃（ハッシュ）

♯（シャープ）

「＃」は縦線が右に倒れ、横線がまっすぐ。「♯」は縦線がまっすぐ、横線が右肩上がり。原稿を点検する校閲センターでも、実は見落としてしまいやすい文字なんです。

オックスフォード英語辞典に「ｈａｓｈｔａｇ」が掲載されたのは２０１４年。新しい「ことば」です。

＃の後につく言葉は、以前は半角英数字限定でしたが、ツイッターでは11年7月から日本語も使えるように。ＩＴジャーナリストの高橋暁子《たかはしあきこ》さんは「この結果、同じ興味関心を持つユーザーが更につながりやすくなった」と語ります。また「自由に作れるため、企業が宣伝に利用しやすくなった」とも。

高橋さんは「日本語のハッシュタグが可能になったのは、ツイッターが同年の東日本大震災で情報収集・発信に利用された影響も大きいのでは」と推察。「自治体アカウントも増え、政府も災害時の有用性を認めツイッターを活用している」と説明します。

（中原光一）

甲子園のタイブレーク

●均衡破れる熱戦が新名勝負に

２０１８年春の選抜高校野球から、投手のけが防止のために甲子園大会で導入されたタイブレーク。延長十三回からは走者を置いて攻撃を始めます。夏には全国で最初に開幕した沖縄大会の初日に、さっそくこの新ルールが適用された試合がありました。

タイブレークは英語で「ｔｉｅ＝同点」と「ｂｒｅａｋ＝壊す」からできた言葉です。日本でもスポーツなどで「2位タイ」のような用法が定着していますが、「ｔｉｅ」は本来「結ぶ、縛る」の意味です。同じ音階の音符を結ぶ記号の「タイ」や、ネクタイのタイも同じつづりです。東京外国語大の浦田《うらた》和幸《かずゆき》教授（英語学）は「意味が派生する過程は目に見えず複雑だが、一つの考え方として『ルミナス英和辞典』は『結ぶ→（結び付き）→（対等の結び付き）』から同点の意味が生じた、と説明している」といいます。

タイブレークはもともとテニスの試合時間短縮のために考案されました。ウィンブルドン選手権では１９７１年から導入されています。ただし現在でも最終セットでは行われないため、２０１０年の男子シングルスで足かけ３日、計11時間の最長試合がありました。勝ったジョン・イスナー選手（米）は、18年の同選手権でも史上２位となる６時間半の試合を戦い、惜敗。試合後に「ルールを変える必要がある」と語り、最終セットにも導入するよう求めました。

延長戦に制限の無かった高校野球では、１９５８年の春季四国大会で徳島商の板東《ばんどう》英二《えいじ》投手が16回と25回の延長戦を完投。その夏「18回で引き分け」の再試合ルールができました。60年後、タイブレークの導入で決勝を除き再試合は無くなり、決着するまで試合が続きます。

過去99回の歴史の中で数々のドラマを生んだ夏の高校野球。これからはタイブレークで均衡が破れる熱戦が、新時代の名勝負として語り継がれることになるでしょうか。

（金子聡）

（注）その後、甲子園の高校野球ではタイブレークになった試合が２０１８年と19年夏に計３回ありました。ウィンブルドンでは19年、最終セットで12－12になった場合はタイブレークで行われるルールに変更されました。

おいしい食感「もちもち」

●美食家・魯山人も記す

タピオカミルクティーなど、もちもちした食感がもてはやされています。日本人が好む「もちもち」はいつ、どこからきた言葉なのでしょう。小学館の元国語辞典編集長の神永暁《かみながさとる》さんは、特に広まったのは2000年以降ではないかとみます。グルメ番組が影響して、同じ頃から「もちっとした」「もっちりした」という言い方も現れたといいます。

東京の調査会社B・M・FTは03年からインターネットで「おいしいを感じる言葉」という調査をしてきました。「味覚系」「食感系」「情報系」の三つに分類し、19年の場合でいえば、15〜69歳の男女1800人においしさを感じる表現を尋ねています。「食感系」の「もちもち」は06年、三つを合わせた総合ランキングの3位に躍り出たあと、08〜18年の11年間に計8回、堂々の1位に輝きました。しかし19年は「ジューシー」に6年ぶりの首位返り咲きを許したそうです。

語源はお餅なのでしょうか。神永さんは「粘りけが多くて、ついてお餅などにする米を『糯米《もちごめ》』といいます。その『糯』からきている擬態語では」と推測します。

歴史は意外に古いようです。神永さんによると、1930（昭和5）年、北大路魯山人《きたおおじろさんじん》の「数の子は音を食うもの」というエッセーに「もともとたべものは、舌の上の味わいばかりで美味《うま》いとしているのではない。（中略）モチモチまたボクボクして可なるもの、（中略）以上のように触覚がたべものの美味さ不味《まず》さの大部分を支配しているものである」とあり、その後も何度か使っているそうです。「魯山人、あるいはその周辺の味覚や食感を表現しようとした人たちが使い始めた語なのかもしれません」と神永さん。美食家の魯山人なら十分あり得る話です。

（越智健一）

「かわいいかよ」の思い

●強い感情を示したい

SNSに投稿されたアイドルの動画につく「かわいいかよ」というコメント。若者が恋人の言動に思わずつぶやく「かわいいかよ」。

「かわいくない」と否定しているのではありません。「かわい過ぎる」と肯定する若者言葉です。

「かよ」は本来「疑問、反語の意をぞんざいに強く表わす」(日本国語大辞典)言葉。大辞林も①やや強く疑問の意②反語の意――を表すとしています。「負けるもんかよ」が「負けない」気持ちを表すように、「かわいいかよ」も本来なら、「何がかわいいの?/かわいくないよ」の意味になるはずです。

会社員の女性(30)は好きなミュージシャンに「かわいい、という平凡な言葉では表現できない強い感情や愛情を抱いた時」使うそうです。

なぜ若い世代に広まったのか。新語ウォッチャーもり・ひろしさんは二つの説を挙げます。まずはお笑いで登場する「そっちかよ」などのツッコミの影響です。「(予想した方ではないのか？という) 疑問の強調であると同時に、切れの良いボケに対する称賛とも受け取れる」と分析。その称賛のニュアンスだけが残ったというものです。

次に、サブカルチャーのファンが独自のルールを好む雰囲気に着目します。「強調」という前提を守れば、肯定的に使ってもいいという共通理解があるのではと推察します。

同様に「肯定」に転化した例として、もりさんは「やばい」を挙げます。「危機や不具合で心が脅かされる」が、最近は「感動で心が脅かされる」という意味でも使われます。

当コラムで「やばい」を扱ったのは2015年。「とりあえず心が動いたら」使うとの高校生の声がありました。若者は心の動きを伝える表現を常に求めているのかもしれません。

（米田千佐子）

病気の名前、表記に配慮

●わかりやすさと正しい理解

新型肺炎が生活に大きな影響を及ぼしています。朝日新聞では「新型コロナウイルスによる肺炎」などと表記しています。ただ「新型」はいつまでも使える表現ではありません。

世界保健機関（ＷＨＯ）は2月、この病気を、英語のコロナウイルス（ｃｏｒｏｎａｖｉｒｕｓ）と病気（ｄｉｓｅａｓｅ）を組み合わせ「ＣＯＶＩＤ（コビッド）－19」と命名しました。大規模な流行が確認された中国・武漢の名前をとって表現する例もありますが、特定の国や地域、動物などとは関連づけないように配慮されています。

２００９年から翌年にかけて世界的に流行したインフルエンザも当初は「新型の豚インフル」などと表記していました。豚肉を食べることでは感染しませんが、風評被害がありました。厚生労働省は、終息を受けて11年に「季節性インフルエンザと同じく扱う」と決め、朝日新聞でも「インフルエンザA09年型」と表記を変えています。

１９１８年から20年にかけて流行し、数千万人が死亡したとされる「スペイン風邪」。近年の研究で、最初の大規模感染は米国で発生したと考えられていますが、スペイン王室の人々や閣僚らが次々に感染して有名になったことから、歴史に名が残りました。内閣官房が公開している「過去のパンデミックレビュー」によると、当時は第１次世界大戦中で参戦国の多くが情報統制をしいていたため、非参戦のスペインの情報が世界に流れたのが原因という説もあります。

今回の新型肺炎も、読者の皆さんへの認知度を探りながら、表現を変更していく可能性があります。わかりやすさと正しい理解、どちらも「正しく恐れる」には大事な要素なので肝に銘じて表記に気を配っていきます。

（加藤順子）

ニュアンスが変わった「ゴリゴリ」

●批判的にも肯定的にも

「ゴリゴリの理系」「ゴリゴリの佐賀弁」「ゴリゴリの少女漫画」。「著しい」に似た意味で、ゴリゴリが使われる例を見聞きします。

明治大学教授の小野正弘《おのまさひろ》さんによると「濁音で始まる和語は通常あまりよいニュアンスを伴わない」そうです。「無理やりに、または力任せに押し通すさま」（岩波国語辞典）、「かたくなで頑迷なさま」（日本国語大辞典）と、辞典では批判的な意味をもって紹介されています。

ですが、「ゴリゴリの理系」などは不快な意味で使われておらず、むしろ肯定的に使われています。小野さんは「『ゴリゴリ』は本来『コリコリ』と対比させて『強、重、暗』のようなニュアンスを出すために使われてきた。それが本来の役割を離れて、ポジティブなニュアンスを出すために用いられているところが注目できる点だ」と話します。

「ゴリゴリのロック」など音楽でも不快な意味を伴わない使い方がみられます。音楽評論家の岡村詩野《おかむらしの》さんは「腕力で聞かせるような荒々しくタフでエネルギッシュな様子が、ゴリゴリのもつ愚直なイメージと合っている。低音はまさにすりつぶしたように聞こえる」と話します。

食感を表す表現でも、ゴリゴリは使われます。「生煮えでゴリゴリとした里芋」など「コリコリ」と比べて不快な食感を表します。

農研機構の早川文代《はやかわふみよ》さんが行った2004年と18年の調査を比較すると、ゴリゴリを使う割合が高齢層では減っていたそうです。「かつては頻繁に使われていたが、昭和の後半から平成の初めにかけて減少した」といい、「根菜類やかたい菓子をあまり食べなくなるなど、食嗜好《しこう》の軟化が背景にあるかもしれません」。

生活習慣の変化は、ことばにも影響するようです。

（武長佑輔）

活字メディアの合成語「コロナ禍」

●禍には人が引き起こす「わざわい」も

「コロナ禍《か》」という言葉を、この3カ月、新聞や雑誌でたびたび目にします。「禍」はわざわい、災難のこと。新型コロナウイルスへの強い不安や市民生活への影響の大きさが字面から伝わってくるようです。

「禍」のつく言葉は、古くから「戦禍」「輪禍」「舌禍」といった漢語の形で使われてきました。輪禍は交通事故のこと、舌禍は今なら「失言」のほうが身近でしょうか。

他にも「薬害禍」や、東日本大震災以降には「原発禍」が登場します。カタカナでは「マラリア禍」「アスベスト禍」も見られます。

「新型コロナウイルス感染拡大の影響で……」のような長い書き出しを避けようとして、新聞を含めた活字メディアが便利に使いだした合成語が「コロナ禍」と言えます。ただ「渦中」という言葉があるためか、禍は渦《うず》と書き間違えやすいので注意。また、耳で「ころなか」と聞いても伝わりにくいため、話し言葉には広がっていないようです。

禍と同様、「わざわい」と訓読みする字に、災があります。「漢字ときあかし辞典」によると「災が主に運命による災害を指すのに対して、禍は人間の営みによって引き起こされるものまで含めていうのが、この二つの違い」とのこと。

著者の辞書編集者、円満字二郎《えんまんじじろう》さんは「禍は、中国史を見ると権力闘争の事件を呼ぶのに使われた。一方、禍は『神』を表す『示偏《しめすへん》』も含む。コロナ禍に限らず、わざわいというものは、どこまでが人為でどこからが運命なのか、分けて考えるのは難しいですね」と話します。

字の成り立ちから、わざわいを祓《はら》う儀礼そのものを「禍」と言ったという説も（白川静《しらかわしずか》「常用字解」）。人の祈りと営みで、禍々《まがまが》しい事態が一刻も早く収束するよう願います。

（丹羽のり子）

素敵な和製英語「ゴールデンウィーク」

●「ランニングホームラン」は好例

「黄金時代」に「黄金世代」「黄金比」……。黄金の輝かしい響きは、どこか人をわくわくさせます。これらはみな、英語でもｇｏｌｄｅｎで表されることば。黄金へのポジティブな印象は、海を隔てても共有されているようです。

でも、海外にはない「黄金」もあります。黄金週間（ゴールデンウィーク）はその一つ。１９５０年代に日本の映画界が、盆や正月以上に客が増える春の連休中に大作を封切るようになり、キャンペーンで使われ始めたと言われています。日本の祝日でできている連休のため、海外にゴールデンウィークはありません。一種の和製英語といえます。

２０１９年の10連休のように、近年では「ウィーク」なのに１週間にとどまらないことが増えてきたことなどから、ＮＨＫではこのことばを使わずに「大型連休」などと表現しているそうです。朝日新聞では特に決まりはありませんが、本文で「春の大型連休」と書いて、見出しは「ＧＷ」とするようなケースもあります。

「ゴールデンウィークは前向きで明るい気持ちがよく表れていて、とても素敵」と話すのは、北九州市立大のアン・クレシーニ准教授（言語学）。和製英語には①発音しやすい②イメージしやすい③簡単な単語でつくる、といった特徴があり、野球の「ランニングホームラン」などはその好例だといいます。「悪者にされがちだけど、立派な日本語。日本人ってすごくおもしろいことを考えるなって、いつも感動するんです」

出身の米国にこうした大型連休はなく、日本に来て「こんなに休むんだ」と驚いたそうです。「今年（２０２０年）はゴールデンウィークの楽しみが一切ない」と残念がるクレシーニさん。来年こそは輝かしい休日を迎えられるよう、心から願っています。


（森本類）

セ・パ、J……スポーツ界の呼び名

●込められた自負と人気浮揚の要

２０２０年6月、コロナ禍で遅れていたプロ野球がついに開幕しました。ただ、残念ながら、2リーグ制70年の節目のセ・パのオールスター戦は中止です。

このセ・パの呼び名、いつからあるのでしょう。ファンとして由来が気になり調べてみました。

戦前に1リーグだったプロ野球は戦後、人気が上昇。新規参入をめぐる古参球団の対立を機に2リーグに分裂。それぞれ「セントラル・リーグ」「太平洋野球連盟（パシフィック・リーグ）」と名乗り１９５０年に再スタートした歴史があります。

「プロ野球70年史」（ベースボール・マガジン社編）によると、セは「こちらが中央に立つ」、パは「国際的視野に立つ職業野球」の意味とのこと。この説からは、互いの自負と対抗心がうかがえます。

とはいえ野球殿堂博物館の司書・茅根《ちのね》拓《たく》さんは、選定の決め手を記録した資料は

「見つかりません」と慎重です。当時の朝日新聞にも詳しい記事はありません。

ネーミングとその意味付けは、人気浮揚の要です。サッカー界で93年にJリーグが開幕、Ｊａｐａｎの頭文字を冠した「Jリーガー」はちびっ子の憧れの的に。今や競技人口で野球をしのぎます。

チーム名も郷土愛を前面に出したものなどが印象的。Ｊ１札幌のコンサドーレは道《ど》産子《さんこ》を逆さに、Ｊ３讃岐のカマタマーレは香川名物の釜玉うどんに由来、といった具合です。

２０１６年開幕の「Ｂリーグ」は、バスケットのＢとｂｅ動詞から。「Ｂｏｙｓ　ｂｅ　ａｍｂｉｔｉｏｕｓ」のように、無限の可能性へ願いを込めたそうです。

王貞治《おうさだはる》さんは球界の将来を見据え「16球団制」を提案します。伝統のセ・パは捨てがたいですが、球界再編も視野に、名称を大胆に刷新する時期に来ているのかもしれません。

（中島克幸）

「3密」「ディスタンス」が叫ばれるなか

●人とのつながりは親密でありたい

「密にならないように」「3密を避けて」。新型コロナウイルス感染を防ごうと、「3密」(密閉、密集、密接)が注目されています。

この「密」、手元の「学研新漢和大字典」で調べると、「宀」(うかんむり)は家、「必」は木を締めつけたさま。家の戸をぴたりと閉じる様子を表しており、「山」がついて、閉じて人の近づけない深い山の意味に。密度、密林、秘密、親密など使い方は多彩ですが、にわかに負のイメージが強くなったようです。

密と同時に、ソーシャルディスタンス(社会的距離)という言葉も広まりました。外来語に詳しい吉備国際大名誉教授の新田文輝《にったふみてる》さんによると、本来は社会学や心理学で使われる用語で、「人々の間の親密性」を指すといいます。それがコロナ禍では「感染防止のための距離」の意味で使われたため、「間違っているのでは」という議論も呼びました。

そこで最近では、動詞でもあるdistanceにingをつけてソーシャルディスタンシングと呼ぶことで、感染防止の「行動」を強調するように。さらに、世界保健機関（WHO）は「社会的な関係は維持するべきだ」という考えから、単に物理的な距離をとる意味で、フィジカルディスタンシング（身体的距離の保持）と言い換えるようになりました。

似た表現が混在して困りますが、新田さんは「長たらしいカタカナ語にくらべて、3密は簡潔で、日本語ならではの造語」と指摘します。

感染の再拡大が懸念されています。テレワークやオンライン飲み会などを通じて、人と人のつながりはずっと密であってほしいですね。

（奈良岡勉）

3

知るたのしみ、使うたのしみ……
語彙力で心豊かになる

「濡れ衣」は香の名？

●冤罪だけじゃない

新聞で時折報道される冤罪《えんざい》事件。無実の罪を意味する「濡《ぬ》れ衣《ぎぬ》」の由来は辞典などで複数紹介されています。継母が先妻の娘の美しさをねたみ、娘の枕元に漁師のぬれた衣を置き、父に漁師との関係を誤解させた平安期の伝説などがあります。

江戸期から上演が続く歌舞伎「本朝《ほんちょう》廿《にじゅう》四孝《しこう》」の「十種香」の場などに「濡衣《ぬれぎぬ》」が登場します。歌舞伎の三姫の一人・八重垣姫に仕える腰元で主要な役回りです。ただ、劇中では無実の罪を着せられていません。

なぜそんな役名に、と思っていたら、演劇評論家戸板康二《といたやすじ》の著書「歌舞伎への招待」に、十種香の八重垣や濡衣は香の名称が由来で、歌舞伎俳優の六代目尾上梅幸《おのえばいこう》（1870〜1934）が調べたとありました。梅幸の芸談集「梅の下風」にも「香の名称と聞いた」とあります。濡衣が香の名ならば、十種香の場によく合い、響きも優雅にさえ感じます。

「梅幸がどこかで聞いたのは間違いないと思う」と、香の販売を手掛ける老舗「香十」の元社長、稲坂良弘《いなさかよしひろ》さん（77）。稲坂さんによると、香木をたいて香りを鑑賞する香道では、香木に名称（香銘《こうめい》）がつくのだそうです。香銘は何千もあり、和歌や故実が主な出典だそうです。

香木には価値があるので悪い印象を持つ香銘はつけないとのことですが、記録はほとんど残っていません。濡衣も文献には見当たらないが、だからその香銘が無いということはなく、「濡衣という香銘を聞いたことがある。香銘としては感覚的には『濡れごろも』の読み方だろう」と稲坂さんも話します。

「濡れ衣」は万葉集にもあり、故郷の妻を思い旅先でぬれた衣を着たわびしさを詠んだといいます。「ピュアな心情を表している」（稲坂さん）。冤罪とは違う使われ方もあったのです。

（鶴田智）

「師匠をしくじる」とは？

●失敗したのは弟子のほう

「『師匠をしくじる』って言い方をしますか？」。落語好きな筆者に、校閲センターの若い後輩が質問に来ました。落語関連の書評の原稿にこの表現があったそうです。

少し古風な響きの「しくじる」は「失敗する」「やりそこなう」こと。よく使われるのは、「試験にしくじる」「仕事をしくじる」など、動作と結びつく言葉とのケースでしょう。それに対して、人を示す「師匠」という言葉とのつながりが、後輩は腑《ふ》に落ちないようでした。

また「失敗によって師匠という自分の立場を失うという意味か？」という別人からの疑問もありました。

そうではなく、明鏡国語辞典（第2版）には「過失などによって勤め先や仕事の場を失う」例に、まさに「師匠をしくじる」があります。つまり「師匠をしくじる」とは、弟子が師匠の不興を買い、最悪の場合、破門に追い込まれている状態。実際はそこまでいかずとも、機嫌を損ねている場合にも使われるようです。

大河ドラマ「いだてん」にも登場した古典落語「富久《とみきゅう》」は、幇間《ほうかん》がお客の「旦那をしくじって」出入り禁止状態のところから始まります。

女性の若手落語家、三遊亭遊《さんゆうていゆう》かりさんが、２０１９年夏に放送されたラジオ番組で「師匠をしくじっちゃって。けっこうなしくじり」と嘆いていました。遊かりさんに話を聞くと、「まずい、どうしよう」とずっと思っていたそうです。しかし「しくじった時どうするかが重要」。打開のため動きました。「広い家に引っ越す」という師匠の以前の助言を実行し、機嫌を直してもらえたとか。家賃が上がる分、もっと仕事を頑張れ、という意味だったんでしょうね。

筆者を含め、大小問わずしくじりは誰にもあります。来年はせめてしくじりの少ない年になりますように。

（鶴田智）

「終息」と「収束」の使い分け

●「終わった」結果と「収まる」過程

新型コロナウイルスに対する緊急事態宣言が、全国で解除されました。対策の「出口」に向けた報道が増えるなかで、感染の「終息」と「収束」はどう使い分けているの?という質問が、読者から多く寄せられています。

いずれもシュウソクと読む同音異義語。「終息」は「終」の字に、休む・落ち着く意の「息」が付いて、物事が「終わる、絶える」ことを指します。戦前の朝日新聞では「終熄《しゅうそく》」と書いており、「虎疫終熄《こえき》」などの記事が見られます。虎疫はトラの病気ではなく、虎列剌《コレラ》のことです。

澤井直《さわいただし》・順天堂大助教(医史学)によると「疫病についての旧内務省の報告では、一貫して『終熄』が使われている」。そして現代でも「衛生学の論文では、感染症には『終息』を使う例が多い」と言います。

一方、「収束」は「集めて束ねる」という意味。紙面では主に戦後になってから、インフレ、ストライキといった人の活動などを「抑える」場面で使われ始めました。

政府のコロナ対策専門家会議の資料には「短期的収束」「収束のスピードが期待されたほどではない」などの記述があります。「終わり」という結果ではなく、収まっていく過程に注目する時は「収束」の字をあてることが多いようです。

加えて、行政や民間の取り組みによってコロナ禍を「抑え込もう」という文脈では、「収束」がしっくり来そうです。

医師をしている友人に聞くと、「小康状態なら収束、根絶なら終息」のイメージとも。人々の営為で感染を徐々に「収束」させていき、最後には完全に「終息」する。平穏な日常を一日も早く取り戻したいものです。


（加藤正朗）

ことばの「サプリメント」

●新聞を読む「活力」に!

新年度の始まり、2019年4月から「ことばの広場」が「ことばサプリ」になりました。良い響きですか？　良いと感じた方は、健康食品などのサプリをイメージされたのではないでしょうか。ビタミン類や食物繊維などが含まれたサプリ。体に良いのでは？　もしかしたらやせるかも？　中年太りでダイエットが必要な私も、期待や願望を込めて毎日飲んでいます。

市場調査会社「インテージ」の2018年度の調べによると、日本におけるサプリなどの市場規模は実に1兆5624億円。利用者数は5560万人。日本人の2人に1人はサプリを利用していることになります。

「サプリ」、実は和製英語です。本来はサプリメント（supplement）。「アプリ」や「スマホ」のように「おおむね日本語の略語規則から予想される通りの略語です」というのは国立国語研究所の窪薗晴夫《くぼぞのはるお》教授。「サプリ」は英語では使いません。

長い外来語からは短縮した「和製英語」が生まれがち。昨日私はスマホのアプリでサプリを買った——。なんて「日本語」も成立します。

使いやすくて何か良さそう。そんなサプリメント、オックスフォード英語辞典によると、英語では14世紀から使われている言葉。本来の意味は補助や補充。本の付録や新聞の別刷り、追加料金などの意味も加わり、他の単語と合わさって補正予算や補足資料といった言葉にも。

あくまで「補うもの」がサプリ。日本医師会も「効果を期待してとりすぎると、思わぬ健康被害が発生することもある」と注意しています。

タイトルにこの言葉を選んだのは読者の方々の「ことば」に関する疑問を解決したり、新聞をわかりやすく読んでもらったりする「活力」になれたら……そんな願いから。週1回「ことばサプリ」をお楽しみ下さい。

（坂上武司）

変化途上の「筆」

●延べと合計の違いは？

校閲記者は平均して毎日20～30本の記事を点検します。いくつかの面を合わせて担当するデスクだと50本前後は読みます。

日々、多くの文章を読んでいると「今まさに意味や使い方が変化しているところではないか」と感じる言葉に出くわすことがあります。例えば「1200筆の署名を提出した」という文章を目にした時などです。

「筆」を助数詞に使う代表的な場合は、田畑や宅地などの区画を数える時です。「日本国語大辞典」などによると、江戸時代、田畑などを測量して記録した検地帳で、区画ごとの面積や所有者を1行に書いたことに由来するとされます。

署名数の「筆」をよく見るようになったのは、10年ほど前からです。朝日新聞では2004年9月の東京版に、市民団体が「2万877筆の署名を提出した」との記事があり、このころが始まりのようです。初めは違和感を覚えましたが、今はなかなかうまい「発明」だと感じます。

新語の収録に積極的な辞書の一つである「三省堂国語辞典」は、第7版（14年）から「署名をかぞえることば」として掲載。08年刊の第6版には出ていませんので、この間に世に広まったのでしょう。

ほかに変化の途上を感じる言葉に「延べ」があります。建物の各階の面積の合計を延べ面積と言うように、重なっていても別々のものとして足し合わせる時に使う言葉です。

しかし、最近は単に合計の意味で使っているのではと思う原稿を見ることが増えたように感じます。気になっていた私は数年前の本社採用面接で約20人の学生に「延べと合計の違い」を質問しました。正答は半分ほど。若い世代を中心に「延べ」の意味が失われていっている気がするのですが、いかがでしょうか。

（中島一仁）

「お釣り」の登場

お金の釣り合い⁉

新人社員の私にとって2千円は大きな臨時収入でした。先日、家を掃除した時に押し入れで見つけた古びた茶缶。中には数百枚の硬貨が！　昔ためていた「お釣り」でした。最近は電子決済も増えましたが、日本は現金払いがまだ主流。貯金箱にためるかためないかは別にして、お釣りは私たちに身近な存在です。

そんなお釣りの歴史は400年近くあるとされます。東京大学の桜井英治《さくらいえいじ》教授（流通経済史）は、「16世紀段階の史料には『釣り』という言葉は見当たらない。金銀銭の三貨制度が定着して、複数の貨幣による支払いができるようになった江戸時代以降に初めて登場してきたのではないか」と、その歴史を推測します。

語源はどうか。日本国語大辞典（小学館）はお釣りの例として、俳諧「口真似草《くちまねぐさ》」（1656年）から「馬の代金を竿秤《さおばかり》で量って支払った人が余分に払いすぎたと思い、馬につけた鈴の音を払いすぎた分のカネの釣りに見立ててリンリンと鳴らして受け取ったことにした」との連歌のやりとりを掲載。明治大学の小野《おの》正弘《まさひろ》教授（国語学）は「竿のはかりのバランスを意識した表現になっており、『釣り合わせる』というのが元々の語源でしょう」と説明します。

江戸時代から人と人の間でお金の「釣り合い」をとってきたお釣りは２０１９年秋、政府が予定する10％への消費増税で影響を受ける可能性があります。税込み価格のキリがよくなり、支払う際に受け取るお釣りの「数」が減るかもしれません。硬貨の製造数の増減について、財務省は「今後の数は見通せない」としながらも、「政府によるキャッシュレス化の取り組みは進めていく」とお釣りには少し優しくないコメント。１円玉や5円玉といった細かいお釣りは将来貴重になりそうです。（本田隼人）

「水無月」は水の月

●無は、「無い」では、ない

6月の異名は「水無月《みなづき》」というのはご存じの方も多いでしょう。雨の多いこの時期が「水が無い」とは妙だな、でも旧暦の6月は今の7月ごろで、梅雨も明けて暑くなる頃だから「水が無い」月なのだろうと思っていました。

ところが、そうではないようなのです。辞書などには複数の語源説が示されていますが、大阪大学の蜂矢真弓《はちやまゆみ》助教（国語学）は、この語の成り立ちを「ミ〔水〕＋連体助詞ナ＋ツキ〔月〕」という語構成で、「水底《みなそこ》」（水の底）、「港《みなと》」（水の門）などと同様に「水の月」の意とする説が主流だと指摘します。

旧暦の12カ月は今の1年より11日ほど短いため、3年ほどで約1カ月のずれが生じました。ずれは閏月《うるうづき》を作り1年を13カ月にして解消しており、旧暦の6月がほぼ現代の6月にあたったときに「水の月」と認識されたとみられます。

したがって「みなづき」の「無」の字は「無い」という意味ではなく、別の成り立ちの「水無瀬川《みなせ》」（表面に水が無い川）などの表記に影響された一種の当て字と考えてよいと蜂矢さんは分析します。

「水無月」は和菓子の名前にもなっています。三角形のういろうに小豆を乗せたもので、京都を中心に6月下旬の期間限定で販売されています。6月晦日《みそか》に行われる行事「夏越《なごし》の祓《はらえ》」にちなみ、京都では室町時代から小麦餅を食べる風習があったことに始まるといいます。

室町時代後期創業の和菓子製造の「とらや」では、1726年の記録帳に「水無月蒸餅《むしもち》」の名が見え、そのころには注文を受けていたことがわかります。

水無月が売られる頃には一年も折り返し。残り半年の無事を祈る気持ちは昔も今も同じかもしれません。

（竹下円）

「欠缺」「輸贏」……難解な法律用語

●「欠缺」避けつつ言い換え進む

刑法の罪名「強姦《ごうかん》罪」が「強制性交等罪」に変わったことが、2017年に話題になりました。六法全書を見ると、ほかにも以前とは随分文言が変わっているものがあります。たとえば賭博の罪。40年近く前、法律を学んでいた私が学生だったころは、こんな条文でした。

「偶然ノ輸贏ニ関シ財物ヲ以《もっ》テ博戯又《また》ハ賭事ヲ為《な》シタル者ハ……」

輸贏って何？　正しくは「しゅえい」ですが、慣用読みの「ゆえい」と習いました。「輸」は負け、「贏」は勝ちの意味で「勝ち負け」のことです。

いまの条文では「賭博をした者は……」。なぁんだです。1995年に文語から口語への刑法の大改正があり、誣告《ぶこく》罪→虚偽告訴の罪、贓物《ぞうぶつ》罪→盗品等関与罪、などと共にやさしくなりました。

「けんけつ」？　かつての講義で出てきた言葉で、聞くなり「何それ？」と教室がざわめきました。字は「欠缺」です。

「欠」をケンと読み、見慣れない字のほうがケツなんて。ところが漢和辞典には、「欠」のケツは慣用読みで、本来の読みはケンとあります。

語の意味は、「ある要件が欠けていること」。「法の欠缺」といえば、裁判にあたって適用すべき法規がない場合、いわば法の想定外を意味します。この言葉も変わってきています。

民法で「意思ノ欠缺」とあったのは口語化の際「意思の不存在」に、民事訴訟法で「其ノ欠缺」とあったのは「その不備」と、わかりやすくなりました。

私と同じころに法律を学び、難しい漢語と格闘した経験のある二宮照興《にのみやてるおき》弁護士は「法律の言葉には固有の専門的な意味を持つものもある。一般の人が日常的な感覚でとらえると、正確な理解へ至らないことがある。単にわかりやすくなれば良いというわけではない」と釘を刺しつつ、「改められていく方向自体は良いこと」と話しています。

（坂井則之）

「虹」はなぜ「虫」に「工」？

●「おそれ」から「希望の象徴」へ

梅雨まっただ中、つかの間の晴れ間に虹を見ると、明るい気分になります。ところでこの「虹」、ちっとも昆虫に見えないのになぜ「虫」に「工」なんて書くのでしょう。

その答えは、漢字のふるさと、中国にあります。『広漢和辞典』によると、「虫」はもともと、ヘビをかたどった象形文字。昆虫や動物一般を表す「蟲」の略字と混同され、昆虫などの意味も持つようになりました。このため「虫へん」は昆虫だけでなく爬虫《はちゅう》類なども表します。蛇、蛙《かえる》、蜆《しじみ》も「虫へん」です。

一方、「つくり」の「工」は貫くの意味。古代の中国では、虹は竜（大蛇）の一種とされており、「虹」は空を貫く竜を表す文字なのだそうです。中国の「漢書」には、虹が宮中に下りてきて井戸の水を飲んで枯らした、という記述もあります。明るいイメージの虹も、古くは恐れられていたようです。

所変われば虹のイメージも変わります。英語のｒａｉｎｂｏｗが表すのは「雨の弓」、仏語のａｒｃ　ｅｎ　ｃｉｅｌは「空のアーチ」。ギリシャ神話では、虹の女神「イリス」は天と地を結ぶ使者とされます。

近年ではさらに、多様性の象徴としても用いられるようになってきました。性的少数者のパレードで虹色の旗が掲げられたり、アライ（味方）であることを示す虹のマークのステッカーが日用品に貼られたりしているのを目にします。

性的少数者が働きやすい環境づくりに取り組むＮＰＯ法人「虹色ダイバーシティ」の村木真紀《むらきまき》代表は「虹の魅力は多様な色があること。雨上がりにかかることには希望も感じます」。映画「オズの魔法使」で、ドロシーが虹のかなたに素敵な場所があると歌うように、虹は希望の象徴でもあるのですね。

（青山絵美）

「戦術」と「戦略」の使い分け

●個々の手段か、全体の運用か

２０１８年６月開幕のサッカーワールドカップ（Ｗ杯）。関連記事では日本や世界の強豪の「戦術」が話題に上ります。

選手の配置や攻守の策を指し、監督の個性が表れますが、１９９０年代初頭までサッカーの記事にあまり登場しない言葉でした。全国紙で「サッカー」と「戦術」を含む記事を調べると、「ドーハの悲劇」の93年ごろから増えています。Ｗ杯日韓大会が開かれた02年に年間約1千本と93年の約6倍になり、すっかり定着しました。

「戦術」はもともと軍事用語です。「軍隊を配列する術」「某時期、某局面における計画と実施」（防衛用語辞典）を表します。「人海戦術」のように「ある目的を達成するために取る手段、方法」（日本国語大辞典）へと意味が広がりました。

戦術と似た言葉に「戦略」があります。個々の戦闘を考える戦術に対し、戦略は戦争全体の計画や運用を言い、時間的な範囲や規模が大きくなります。

戦略も、目的達成のため「大局的に事を運ぶ方策」（日本国語大辞典）へと広がりました。

政治や行政では、加計学園の獣医学部新設問題で「国家戦略特区」が注目されました。これは安倍政権の成長戦略に位置づけられています。

ブランド戦略、経営戦略など、ビジネスや経営の分野でも欠かせない用語です。ただ、売上額などの数値目標や抽象的なビジョンなどと混同され、あいまいな使い方も多いようです。

企業の戦略に詳しい楠木建《くすのきけん》・一橋大大学院教授は「人やモノなどの資源には限りがある。何かをやらない、やめる判断が必要だが、できている戦略は少ない」と分析。「戦略と言っておけば良いことが起きると思われがちだ」とも指摘しています。

サッカー日本代表は、急な監督交代もあって将来を見据えた戦略が見えづらい状況です。今大会で、西野朗《にしのあきら》監督はどんな戦術で挑むのでしょうか。

（桑田真）

道はどこから

●文字ない時代に「ち」が「みち」へ

人や車が往来する道。なぜ「みち」というのでしょうか。万葉集などには「美知」の字を当てて「みち」と読ませる例があります。日本に固有の文字がない時代、漢字の音や訓を借りて日本語を表しました。万葉仮名と呼ばれ、「和我由久美知《わがゆくみち》＝我が行く道」などと書きます。

江戸時代中期の学者で政治家の新井白石が著した語源研究書、東雅《とうが》には「上古には道をばチといひ」「ミとは御なり、チは即《すなわち》道」とあり、「ミ」は尊称の接頭語で、「チ」が道の意味だとする説があります。

まっすぐ行く道、近道を万葉集で「ただち」。「直道」の字を当て、道を「ち」と読みます。

道を進んで行くと分かれ道に出合います。これが「ちまた」＝道股《みちまた》です。大言海は「岐、衢、巷 ①路の支《えだ》ありて、方方へ分け行くべき所。わかれみち②街、里の中の路」と説明します。「また」は「一つのものが二つ以上に分かれているところ」（日本国語大辞典）。

「みち」や「ちまた」は多くの人が行き交います。道が四通八達する場所が「やちまた」。人の出会いの地は、交易の場、男女の出会う歌垣《うたがき》の地ともなったことが万葉集の「紫《むらさき》は灰さすものそ海石榴市《つばきち》の八十《やそ》の衢《ちまた》に逢へる児や誰《たれ》」（岩波書店　新日本古典文学大系）の歌などからうかがえます。「ちまた」は世の中、世間を指すようにもなります。

「ち」が「みち」となったのはなぜでしょう。万葉仮名でも「ち」は「知、乳、茅、道、血」など数多くあり、「ち」だけではどの意味か分かりません。沖森卓也《おきもりたくや》・立教大学名誉教授（日本語学）は「同音衝突と言って、一つの発音に対して複数の意味があるときに他と区別するために『みち』が定着したのでは」と説明します。

「みち」に関わる言葉の核は「ち」と言えそうです。文字のない時代からの日本語の原形の一つが見える気がします。

（町田和洋）

使われ続ける「げたを履かせる」

●「げた」は身近でなくなっても

大学医学部の入試をめぐり、女子の受験生が一律減点されていた問題が発覚しました。公正であるべき入試をないがしろにする行為について、天声人語は「見えないゲタを男子全員にはかせていた」と書きました。

「げたを履かせる」は「本来の数量にある数量を加えて、全体の数量を実際より多く見せる」（大辞林）との意味です。

歯付きで木製のげたは、江戸時代には市井の人々の履物にもなり、「げた」を使った慣用句が使われるようになりました。今は日常あまり履かれなくなりましたが、玄関に置かれている靴入れは「げた箱」と呼ばれ、「げたを預ける」「勝負はげたを履くまで分からない」という表現も普通に使われます。

比喩に詳しい近畿大学の大《おお》田《た》垣《がき》仁《さとし》・専任講師（日本語学）によると、慣用句には、短い言葉によって分かりにくい状況をすぐに理解させる効果があることに加え、単なる説明以上のインパクトを与える修辞的な効果もあるといいます。

ただ、身近でなくなったモノが使われたため、意味がとりにくくなった慣用句もあります。例えば「流れにさおさす」は「流れに乗って勢いをつける」が本来の意味。しかし文化庁の調査では「ある事柄の勢いを失わせる」と逆の意味にとる人が6割以上いました（2006年度の国語に関する世論調査）。

「言葉が生まれた当時の文脈が分からなくなり、新しい意味に変化してしまうことがある」と大田垣さん。さおを操る船頭は、今や日常生活とは遠い光景だからでしょう。一方、「げたを履かせる」は意味が変わらぬまま強く生き残っています。

大田垣さんは「『かっぱの川流れ』『弘法も筆の誤り』のような似た意味を持った慣用句が共存することもあるが、『げた』のような場合、いったん定着すると、全く同じ意味を持った別の表現が生まれない限り、使われ続ける傾向がある」と説明します。

（西光俊）

野球も電池も「バッテリー」

●砲台説か電池説か

12月12日は「バッテリーの日」。車やスマホの電池が思い浮かびますが、野球で「バッテリー」といえば投手と捕手。バッテリーの日を定めた電池工業会は、プロ野球の最優秀バッテリー賞の協力団体でもあります。全く違う意味は、どのように生まれたのでしょうか。

英和辞書によれば、もともと砲台、放列を指す言葉で、原義は「連続して打つ」。意味は次々に派生して、音楽の世界では「打つ」にまつわる用法も生まれました。例えばマーチングバンドでは打楽器をバッテリーと呼びます。また、法律学では暴行という意味です。

野球のバットと同様、ｂａｌには「打つ」の意味があります。野球ではバッテリーが守備側、バッターが攻撃側ですが、同じ語源の言葉です。

一方、「打」から離れた用法も生まれました。「ａ　ｂａｔｔｅｒｙ　ｏｆ」は「多くの」「一続きの」を意味します。「電池」の意味はここから来たようです。かつては実験で電気が必要な場合、静電気をためておけるライデン瓶という道具を使いました。ライデン瓶をいくつもつなげた様子をバッテリーと呼んでいたため、電池もそう呼ぶようになったとされます。

野球で使われるようになったのは19世紀後半。由来は当時から2通りの解釈があったようです。一つは投手を大砲、捕手を砲兵に見立てたという「砲台」説。もう一つは、投球を送受信になぞらえ、電信装置に使う電池から名付けられたという「電池」説です。

投手と捕手の守備番号は1と2なので、12月12日がバッテリーの日になりました。電池工業会によれば、野球用語から日取りを決めた理由は記録が残っていないものの、冬は車のバッテリーが上がりやすいことから、この日に合わせて整備点検を呼びかけたりするそうです。今年も寒くなってきました。手元の機器が「連続」して動くよう、電池残量の確認をお忘れなく。

（加藤正朗）

「蕎麦」、なぜ「そば」？

●角張った実、千年の時を刻み

日本人になじみ深い麺類の「蕎麦」。なぜ「そば」と言うのでしょう。

「そば」には「物のかど。りょう。稜角」（日本国語大辞典）という意味があります。「稜《そば》」は「物のとがって突き出た部分」で2面が交わった角《かど》の外側が元の意味。角の内側で面に囲まれた区域が「隅《すみ》」です。

山稜、稜線といえば、山の尾根であり峰の帯状の連なり。あの形状が「りょう」であり「そば」なのです。山が「聳《そび》える」も「稜《そば》立つ」「峙《そばだ》つ」も角張った形でそそり立つことです。

蕎麦の材料になる、植物のソバはタデ科の雑穀。実には角張った三つの突起があり、断面は三角になります。正式には「ソバムギ」と言います。

10世紀の漢和辞書「和名類聚抄《わみょうるいじゅしょう》」は「曽波牟岐《そばむぎ》」の字を当てて読み方を示しています。「そば＝稜角」のある麦の意味で、後の「むぎ」を略した「そば」が定着したようです。漢字の蕎麦は「蕎」だけで「そば」の意味があります。

蕎麦には「みかど」「あおい」の異名もあります。17世紀にイエズス会の宣教師が日本語をポルトガル語で解説した日葡《にっぽ》辞書には「Ｓｏｂａ。穀物の一種」「ミカド（三稜）、すなわちソバ」とあります。「みかど」は天皇を指す「帝」に通じるため使うのを避け、葉がソバに似ているアオイ（葵）で代用したのでした。

蕎麦は植物名の「ソバ」が始まりでした。食べ方としては、実を粉にして湯で練って餅状にした「そばがき」などがあり、江戸時代には延ばして細く切った麺の「そば切り」が広まりました。現在は「切り」を略し、「蕎麦」といえば麺を指すのが普通になりました。

語源に詳しい早稲田大学名誉教授の杉本《すぎもと》つとむさんは「日本語は総合的、多面的な意味の固まり。長い時間をかけ、様々な漢字を当てていく中で意味が整理されていった」と話します。

（町田和洋）

「December」が12月になるまで

●ラテン語で「10番目の月」だけど

もうすぐ年が改まります。新しいカレンダーは用意されましたか。カレンダーはラテン語の「Kalendae」が語源。古代ローマ暦で「1日《ついたち》（朔）」を指します。最初この暦における年の始まりは、1月ではありませんでした。

紀元前8世紀の暦は今の3月から12月に当たる10カ月のみ。1年の始まりは①Martius。英語Marchの原型です。そこから順に②Aprilis（英語でApril）③Maius（May）④Junius（June）⑤Quintilis（July）⑥Sextilis（August）⑦September⑧October⑨November⑩Decemberと続きます。①～④は神々の名前。⑤以降は「5～10番目の月」という意味です。

その後⑪Januarius（January）⑫Februarius（February）が後ろに加えられ12カ月になります。うるう年の2月に1日足して調整するのもFebruariusが年末だった名残。ローマ人が大切にした年末の祭りがTerminalia。終点や終着駅を意味するterminalにつながります。

年の初めがJanuariusになったのは紀元前2世紀。軍事的必要から行政の年度始まりを移したとされます。そのため7番目のSeptemberが9月に、そしてDecemberが12月にと2カ月ずつずれました。人々の慣習はすぐには変わりませんでしたが、紀元前1世紀ごろまでには1月の年初になじむようになり、カエサルが制定したユリウス暦で定着。現在の暦に引き継がれていきました。

古代ローマに詳しい東海大学の河島《かわしま》思朗《しろう》准教授は「ラテン語は欧州の諸言語の土台。June bride(6月の花嫁)もJuniusが結婚の女神ユーノー由来だと知るとよく分かります」。暦に限らず、データ、ウイルス、アリバイ、etc、a.m.・p.m.……、ラテン語起源の言葉は今も身近に残っています。

（町田和洋）

「カフェ」と「喫茶店」の区別

●お酒が飲めるか、飲めないか

木漏れ日がまぶしい季節には、カフェや喫茶店で新聞を読みながら、ゆっくり過ごしたいものです。

「カフェ」と「喫茶店」。この言葉にどんな印象をお持ちでしょう。カフェ＝「おしゃれ／セルフサービス／テラス」、喫茶店＝「レトロ／おしぼりなどのサービス／カウンター」といったところでしょうか。

実はこの二つ、法律上は区別があります。開業に必要な営業許可を「飲食店」で取るのがカフェ、「喫茶店」で取るのが喫茶店。つまりカフェ＝「飲食店」はお酒を出したり手の込んだ料理を作ったりすることができますが、「喫茶店」はダメ。

ただこれは営業許可の上での話。店名までは縛られません。私が若い頃、息抜きで通った日替わり定食のおいしい「喫茶○○」。実は法的にはカフェだった、ということです。

歴史を振り返ると、カフェは古い言葉です。大正から昭和にかけ、お酒や料理、そして女性従業員の接客サービスを売りにして人気を集めました。それらの店を現在のカフェと区別するため「カフェー」と書くことがあります。しかし戦時色の強まりと共に消えていきました。

ところがこの「カフェー」、意外なところで生きています。それは法律の中。営業許可に関する「食品衛生法施行令」の「飲食店営業」の項になぜか「カフエー」の文字を発見。所管の厚生労働省に尋ねましたが、「理由は不明」とのこと。

「喫茶」と言えば、古めかしいですが「純喫茶」もお忘れなく。「カフェー」に対して「コーヒーや紅茶などだけを出す純粋な」喫茶店という意図から生まれました。新語と区別するため、呼び名をつけ直された言葉をレトロニムといい、「和服」「固定電話」「フィルムカメラ」なども同様です。

（中原光一）

ゆれる「勧告」と「指示」

●緊急度が高いのはどっち？

最大震度6強を観測した2019年6月18日夜の新潟・山形地震では、沿岸部の世帯に「避難勧告」さらには「避難指示」が発令されました。命を守る情報ですが、この国の指針の順序について「しっくりこない」という声を読者から頂いたことがあります。

なるほど、言葉のイメージからだと、勧告は「人事院勧告」や「辞職勧告」など重々しく感じられる使われ方がありますが、指示は「上司の指示」や「指示待ち」といったように手軽に使う感じもします。

ところが、法令用語辞典を引くとイメージとは逆に「指示は勧告より強く、拘束力は命令に準ずる」と記されています。勧告→指示は法律解釈上は担保された順序のようです。しかし、11年の東日本大震災時には勧告と指示の使い分けに悩んだ末、「命令」調の呼びかけをした沿岸自治体があったといいます。

ＮＨＫ放送文化研究所が震災2年後に実施した「日本語のゆれ」に関する世論調査では、津波避難の呼びかけで緊急度が一番高いと思う言葉を三つから選んでもらったところ、「勧告」（23％）が「指示」（11％）を上回ったというデータもあります（最多は「命令」の6割）。

こうした法令用語との認識のずれについて、日野泰志《ひのやすし》・早稲田大学教授（言語心理学）は、勧告が指示に比べ日常的になじみが薄い言葉である点に着目します。その上で「警告、宣告といった形や音が似ている語句が多い。いずれも危機を連想させる言葉で、これらの情報から指示よりも緊急度が高いと認知する傾向があるのかもしれません」と話します。

勧告と指示の用法については、文化審議会国語分科会も「工夫が必要」と提言しました。内閣府は17年から避難指示に（緊急）を加えましたが、言葉の危機管理も待ったなしです。

（中村純）

湖・沼・池はどう違う?

●ヌルヌルしてるか、人工か……

梅雨が明けると夏。涼を求め水辺に親しむ季節です。水をたたえた湖・沼・池はまとめて湖沼《こしょう》と言いますが、それぞれどんな意味でしょう。

語源に詳しい辞書「大言海」によると、湖は「淡水海《まみずうみ》」で塩海《しおうみ》に対した言葉。そもそも「うみ」は「大水《おおみ》」に通じ、広く水をたたえた所。古くは海洋のほか大きな湖も指しました。沼は「粘滑《ぬめる》の義」とあり、ぬるぬるした場所を思わせます。池は「生け水／養魚の用／田の用水」など多くが人工で造られたとします。

一方、湖沼学では一般に以下のように分類しています。

湖＝水深5メートル以上で湖底に水生植物がない
沼＝水深5メートルより浅く、水底全面に水生植物がある
池＝水深5メートルより浅く、水底に水生植物がほとんどない
湖は沼や池より広く深いのが通常ですが、実際の地名には当てはまらないことも。

群馬県の菅沼《すげぬま》や鹿児島県の鰻池《うなぎいけ》は最大水深50メートル以上です。

地学事典を見ると「湖沼」の定義は「四方を陸地に囲まれ、海とは離れた静止した水塊」。くぼ地にたまった水という意味なら、雨の後の水たまりも似ている気がします。

立正大学の河野《こうの》忠《ただし》教授（自然地理学）によると「湖沼は滞留時間が長い地表水。水たまりとの違いは、恒常的に存在するかしないかと、その大きさ」。7年に1度、水が湧いて数日で消えるという「池の平《だいら》」（浜松市の水窪町《みさくぼ》）や、大雨の後に現れる「血の池」（群馬・赤城山）は水たまりにより近いと言えるそうです。

地球上の水は97・5％が海水で、湖沼はわずか0・016％。かつて世界4位の面積を誇った中央アジアの塩湖「アラル海」は半世紀で10分の1に縮小。「大きな水たまり」でもある湖沼。大切にしたいものです。

（町田和洋）

緩やかな「日本」の読み方

●ニホンでもニッポンでも

桜のジャージーの快進撃にわいた2019年のラグビーW杯。日本ラグビーフットボール協会による「日本代表応援動画（ファン篇《へん》）」では「ニッポン」「ニホンダイヒョウ」「ジャパン」と3通りの掛け声が聴き取れました。

国号としての「日本」の表記は、大化改新のころからとされます。小学館「日本国語大辞典第二版」などによると、「日」は漢音ジツ、呉音ニチ、「本」は双方ともホンと読み、呉音によって「ニッポン」と発音されたものが、やわらかな「ニホン」に変化してゆき、双方が使われるようになったとのこと。17世紀初めに長崎で発行されたポルトガル語の日葡《にっぽ》辞書ではニッポン、ニホンに加えて、ジッポンとの読み方も記されています。少なくとも秀吉や家康が活躍したころから、複数の読み方が併存してきたわけですね。

外来語感の強いジャパンはおくとして、ニッポンとニホン、現代ではどちらが優勢なのでしょうか。04年の時点で、約1400人の会話を収録していた国立国語研究所のデータベース「日本語話し言葉コーパス」では、「日本」単独の発音はニホンが96％を占め、ニッポンを圧倒したそうです。

閣議では過去に2度、話題に。佐藤栄作《さとうえいさく》内閣の1970年7月、大阪万博の記念切手から議論が始まり、最後に佐藤首相が「やはりニッポン国民万歳でなければ」「自分は意識的にニッポンを使っている」。もっとも、閣議決定には至らなかったようで、09年6月、麻生太郎《あそうたろう》内閣は質問主意書に対し、「いずれも広く通用しており、どちらか一方に統一する必要はないと考えている」との答弁書を閣議決定しました。

緩やかな解釈、それこそが日本の持ち味なのかもしれません。


（水野守）

「トラブル」の使い勝手

●もめごとから故障、悩みまで

多くの読者の方から、一般的でないカタカナの外来語を、紙面で安易に使わないでほしい、との声が届きます。意味がわからないカタカナ語がたくさん載っている新聞を読むために、辞書が手放せない――こんなトラブルを避けるためにも、外来語は慎重に使いたいと考えています。

悩ましいのは、専門用語や資料から引用した外来語表記をそのまま使うようなケース。その場合、例えば「クラスター（感染者集団）」と、後ろに説明を加えるなど、理解の助けになるよう工夫しています。

一方、改めて説明するのが不要なほど日本に深く定着している外来語もあります。例えば「いざこざ。紛争。事故」（岩波国語辞典）という意味で使われる、英語由来の外来語「トラブル」がその一つです。

金愛蘭《きむえらん》・日本大学准教授（日本語学）は、毎日新聞の記事を1950年からほぼ10

年ごとにデータベース化し、外来語の使用実態を調べています。調査によると、トラブルという語は60年ごろから少しずつ現れ、80年以降急カーブを描いて登場する頻度が増えているそうです。

また、当初は「個人間や組織間でのもめごと」を指すことが多かったのですが、近年は「機器のトラブル（故障）」「センター試験会場でのトラブル（混乱）」「お肌のトラブル（悩み）」など、意味や用法に広がりが見られると分析します。

金さんは新聞報道で「事件」や「衝突」と端的に書くと、実際の出来事より強い印象を読者に与えるおそれがある、ともいいます。

「それに対してトラブルは、事態がどんな段階にあっても使えるあいまいさが特徴。『深刻な事態や、そこにつながる可能性がある不正常な状態』を幅広く指すので、使い勝手が良く好んで使われるのでは」

（市原俊介）

気になる「享年」の使われ方

●現代は「歳」ありでも問題なし

故人の年齢を表すとき、「享年80歳」と「歳」をつけるのは誤りか、との質問が時折寄せられます。

享年とは「(天から享《う》けた年の意)死んだ者がこの世に生きていた年数。死んだ時の年齢」(広辞苑)のことで、国語辞典や漢和辞典が挙げる文例は歳あり・なしともにあります。中国では王朝の年数などにもいい、そうした文例は「享年八百」と歳なしの形です。

漢文学に詳しい慶応大学文学部の合山林太郎《ごうやまりんたろう》准教授によると、伝統的な漢文の世界では歳なしの例の方が多く、「元々は歳がつかない形が普通だったのだろう」とのこと。ただし、「時代が下って意味が分かりにくいと感じられるようになったために『享年~歳』が普及したのではないか」といいます。

一般にもなじみのあるものでは、江戸時代の曲亭馬琴《きょくていばきん》の小説「椿説弓張月《ちんせつゆみはりづき》」や中国・清代の小説「紅楼夢《こうろうむ》」に歳ありの形が見られます。

現代中国語でも中日大辞典が「享年」に歳ありの文例を挙げており、日本語でも歳の有無に神経質になる必要はなさそうです。

ところで本来の語義からは「天寿をまっとうした」との印象を受けますが、朝日新聞の紙面を見ると幼い子供や死刑囚、さらには動物にまで「享年」が使われているのが気になります。動物の場合は動物園の人気者を擬人化したものでしょうが、やや大仰な感じもします。

中日大辞典は「多く老人に対していう」としており、中国出身の知人に聞くと「伝統的に長寿を評価する意味合いで使うので、早世した人や死刑囚にはあまり使わない」といいます。個人の死生観にも関わる表現なので、紙面ではあえて「享年」を使わずとも「30歳だった」などと言いかえることも考えられます。（細川なるみ）

デシリットルの出番

●血糖値や野菜の種で重宝

「デシリットル（dℓ）なんて、覚える意味あるの?」。小学生の娘がぼやいていました。授業で習ったのに、身の回りで目にすることがないというのです。

dℓは体積の単位リットル（ℓ）に10分の1を表す接頭語デシ（d）がついたもの。小2の算数で習います。しかし、よくあるペットボトル飲料を見ても、表示は「5dℓ」ではなく「500ミリリットル（mℓ）」です。

その理由は、表示のルールにありました。飲料や牛乳、調味料、食用油などは、食品表示基準、業界団体の自主ルールである公正競争規約の施行規則で、内容体積をmℓかℓ単位で表示するとしています。

台所用容器などの合成樹脂加工品や洗剤、塗料なども、家庭用品品質表示法によりℓ、mℓで表示。化粧品は公正競争規約施行規則でmℓです。

消費者庁表示対策課に尋ねたところ「dℓを定めていない当時の経緯は明確でない

が、消費者にわかりやすい表示は必要であると考えている」との回答でした。でも、全く出番がないわけでもありません。

血液検査で、血糖値などの項目に「mg／dL」が使われています。日本臨床検査標準協議会によると、国際的にはℓ単位で表記されることが多いが、dℓの方が数値が2、3桁で分かりやすいことなどから、日本では古くから用いられているそうです。

このほか、野菜の種は2dℓ単位で売られていることも多いです。タキイ種苗（京都市）によると、尺貫法で1勺《しゃく》（約18mℓ）、1合（約180mℓ）といった単位で販売していた時の名残で、1959年のメートル法実施に伴い、1合に近くきりの良い2dℓで販売するようになったそうです。

ℓとmℓの間でかすみがちなdℓの、長所を生かした使い方です。

（藤井秀樹）

「テレワーク」定着まで

●海外では違う呼び名が主流

コロナ禍で、よく耳にするようになった「テレワーク」という言葉。同じように「リモートワーク」もよく耳にします。日本でできた造語のようにも聞こえますが、英語でも使われる言葉なのでしょうか。

「テレワーク」はギリシャ語の「遠い」に由来するteleと、work（働く）を組み合わせたもの。1970年代から米国で使われ始めました。

日本テレワーク協会によれば、「在宅勤務」と、勤務先以外の拠点で働く「サテライトオフィス（SO）勤務」、それに移動中やカフェなどでの「モバイルワーク」の三つの働き方を指す言葉だそうです。

研究職の社員が働きやすいようにと、84年にNEC（本社・東京都港区）が東京・吉祥寺にSOを設置。これが日本のテレワークの草分けといわれます。パソコンやファクスを備え、当時としては先進的でした。

日本テレワーク学会の國井昭男《くにいあきお》副会長は「この時期はまだ、在宅などを合わせたテレワークという概念は確立していなかったかもしれない」。その後、バブル崩壊とともに都市近郊型ＳＯは閉鎖が相次ぎ、90年代後半から、テレワークの中心は在宅に移っていったそうです。

一方、同じ意味で「リモートワーク」と言う人も多いでしょう。実際、海外ではテレワーク以外の呼び名が主流だとか。米国人カウンセラーのステファン・ハリスさん（48）は「以前はテレワークが使われていたが、今はテレコミューティングが一般的」、英国人大学院生のサム・エブドンさん（26）も「リモートワーキングなどを使う」といいます。

テレワークの語が日本で定着しつつある背景について、國井さんは「官庁がこの言葉を使って政策を推進したことが、要因の一つでは」と推測します。（本田隼人）

4

ことばは物語をもっている。歴史の断面が語られる

新・広辞苑のツボ――画期的な変化

●「耳障り」の誤用一転「耳触り」

2018年、国語辞典の「広辞苑」(岩波書店)が10年ぶりに改訂されました。前の第6版から数百項目削り、約1万語を加えました。

新収録の「LGBT」や「しまなみ海道」の説明が誤りだとの話題が先行しましたが、既存の項目でも目立たないながら画期的な変化が多くあります。校閲記者として興味を引かれた点を、2回に分けて紹介します。

まず、ことばの意味の変化に伴う語釈の追加や変更です。

「姑息《こそく》」は「その場しのぎ」の意。しかし近年、「ずるい」との意味で多く使われるようになり、それを受けて「俗に、卑怯《ひきょう》なさま」と加えられました。

「みみざわり」も目を引きます。6版は「【耳障り】聞いていやな感じがすること。聞いて気にさわること」だけで、「耳障りがよい」を誤用と記していました。7版は「【耳触り】聞いた感じ。耳当たり。『―のよい言葉』」が別に立ち、「誤用」のくだりが消えました。

「にやける」には「俗に、にやにやする」との語釈が加わりました。本来の「なよなよとしている」ではなく、「薄笑いを浮かべている」と捉える人が、2012年の文化庁国語世論調査でも8割近くにのぼります。

「爆笑」も、6版の「大勢が大声でどっと笑うこと」から、「はじけるように大声で笑うこと」と笑う人の数を問題としない語釈に変わりました。大勢で、と説明する国語辞典がまだ多数派で、「爆笑は本来1人ではできない」と指摘されてきました。しかし、約90年前の使用例でも1人で大笑いしていると捉えられるものがみられます。ようやく世間の実態に合ったとも言えます。

岩波書店の辞典編集部によれば「誤りだと言われてきた意味・用法でも、昔の文献に当たって必ずしもそうでないとわかったものは、書き方を変えた」とのことです。

（田島恵介）

新・広辞苑のツボ――時代感覚も反映

●最後の語「んとす」↓「ん坊」に

広辞苑第7版に「スマホ」が新たに加わったことは広く話題になりました。一方、「携帯」の語釈が少し変わったのは、あまり知られていないようです。

2番目の語釈が「携帯電話の略」なのは旧版と同じですが、直前に「『ケータイ』とも書く」と注記が付きました。

岩波書店辞典編集部によれば、能の「ワキ・シテ」など、片仮名で書くことに言及した項目が他にもあるため、「ケータイ」も明示したのだそうです。「ガラ携《けい》」の項目で「普通『ガラケー』と書く」と注記したこととも関わるようです。

注記の変更は、それ以外にもたくさん見られます。

「ナウい」は、6版には「ｎｏｗを形容詞化した俗語」とあるだけでしたが、「ナウを形容詞化した昭和末の流行語」となりました。もはや当世風ではないという見方のようです。

ことばの使い方を示した作例や用例にも、時代を映した変化がみられます。「熱を上げる」の作例は、6版は「ビートルズに熱を上げる」でしたが、「アイドルに熱を上げる」と変わりました。現代の感覚に合わせたそうです。

フランス語ｐｅｔｉｔに由来する「プチ」は、6版では「小さい」「かわいい」などの語釈だけでしたが、用例に「プチ整形」が加わっています。手軽な美容整形が一般的になってきた証しとも捉えられます。

最後に、広辞苑の「最後の語」について。初版から6版までは「んとす」で、作例も途中の版から「終わりなんとす」（終わろうとする）に変え、しゃれた締めくくり方でした。しかし今回、その後に「ん坊《ぼう》」を加えました。同部によれば「赤ん坊」「言いっ放《ぱな》し」の例のように前の語との間に別の音（「ん」や「っ」）が入るものも接尾辞として立てたそうです。

初版から60年余。最後の語を初めて変えたのも、新版の画期的な変更点といえるでしょう。

（田島恵介）

銀座・みゆき通りの名づけ親

●世界に通用する「美しい街に」と命名

平昌《ピョンチャン》五輪が始まりますが今回は昔の東京五輪の頃の話です。

1964年秋の東京五輪を控えた夏、銀座にアイビー風の服を着た男性やロングスカートの女性が大きな紙袋を抱えて歩く風俗が現れ、「みゆき族」と呼ばれました。皇居のそばの日比谷公園の東から、銀座の中心部を通って、築地市場の手前までを結ぶ「みゆき通り」が舞台でした。しゃれた響きですが、元の名は「山下橋通り」。いつ「みゆき通り」になったのでしょう。戦争で幻となった40年の東京五輪招致が決まった36年前後、東京を世界に通用する美しい街にと考えた人たちがいました。画家の藤田《ふじた》嗣治《つぐはる》、詩人の西条《さいじょう》八十《やそ》らフランス帰りの文化人らが銀座を拠点に巴里《パリ》会というグループをつくり、山下橋通りの美化、街灯や通りの整備を推奨、名前も世界に通用するものにと呼びかけました。

選考の末に、明治天皇が皇居から築地にあった海軍兵学校、海軍大学校の卒業式などに臨席する際に行幸路《ぎょうこうろ》とされた「由緒を記念するために、謹んで『みゆき通り』と命名」した、と巴里会発行の雑誌「あみ・ど・ぱり」36年6月号にあります。

「みゆき」は漢字を当てれば「御幸」。日本国語大辞典によれば「みゆき【行幸・御行・御幸】行くことを敬っていう語。天皇の外出」。日本大百科全書は、「幸」の字を使うのは「天子の行く所、万民が恩恵に浴するので」と説明します。

明治政府の近代化政策で、天皇が国民の前に現れる機会が増えました。「行幸は、天皇という権威を国民に浸透させる働きがありました」と「銀座物語」（中公新書）などの著書がある野口孝一《のぐちこういち》さんは話します。川崎市の「幸区《さいわい》」や東京都多摩市の「聖《せい》蹟《せき》桜ケ丘」など、行幸にちなんだ名は各地に残ります。

銀座・みゆき通りの名はゆかりの人々の熱意から生まれ、意味や時代を超えて地元に愛され根付いてきたと考えられます。

（町田和洋）

「○○合わせ」で技磨き

●手ぬぐい合わせ、歌合わせ、犬合わせも……

高校生棋士の藤井聡太《ふじいそうた》七段はイベントで「神様がいるのなら、1局お手合わせしてもらいたい」と話し、会場を沸かせました。この「合わせ」には「比べ合わせて優劣を決めること」（明鏡国語辞典）という意味があります。

たとえば、平安時代に始まった和歌を競う「歌合わせ」。珍しい貝を比べて競う「貝合わせ」のように遊戯の呼び名にも使われてきました。

「犬合わせ」は闘犬、「なぞなぞ合わせ」は互いになぞなぞをかける……。辞書をみると、「合わせ」のつく様々な言葉が見つかります。

江戸時代になると、「団扇《うちわ》合わせ」「浴衣合わせ」など団扇や浴衣に描かれた図柄を競い合うようにもなりました。

なかでも、1784（天明4）年、上野・不忍池《しのばずのいけ》で開かれた「手ぬぐい合わせ」は、戯作《げさく》者で浮世絵師の山東京伝《さんとうきょうでん》を中心に、幅広い人々が参加したことで知られます。浮世絵師の喜多川歌麿《きたがわうたまろ》や絵師の酒井抱一《さかいほういつ》、狂歌師の大田南畝《おおたなんぽ》らが趣向を凝らし、その出来栄えを競いあいました。若き日の歌麿の作品は「ほし合い」。天の川の両側にひこ星と織姫を描いたデザインでした。

当時の図案集を元に79点のうち21点を苦心して復刻した手ぬぐい専門店「ふじ屋」（東京・浅草）の店主、川上千尋《かわかみちひろ》さん（70）は「見せ合い、せめぎ合って、絵柄、染め方を切磋琢磨《せっさたくま》した。お互いに刺激になった。自慢大会ですね」。

浮世絵を研究する太田記念美術館の渡辺晃《わたなべあきら》主幹学芸員（43）によると、手ぬぐい合わせが開かれたころは浮世絵にとっても画期的な時期だったといい「スポンサーに資金援助されて技術が向上していきました」。「合わせ」ることで、その美術的価値も高まっていったそうです。

（橋本裕介）

「ソウルフード」の存在感

●魂の伝統料理から郷土料理へ

「たこ焼きは大阪のソウルフード」。このように懐かしの味や地域で親しまれてきた料理を「ソウルフード」と呼ぶことがあります。

もともとは米南部の黒人の伝統料理を指す言葉。日本でもおなじみのフライドチキンや、トウモロコシの粉を使ったコーンブレッドなどがあります。

元日本大教授（米文学）の木内徹《きうちとおる》さんによると、名目上は差別がなくなった公民権運動後の1960〜70年代に、黒人自身が真の黒人文化とは何かを真剣に考えるようになり、「ソウルという言葉によって、黒人文化への回帰が叫ばれるようになった」。ソウルミュージック、ソウルフードなど黒人特有のものを指すのに使われ、定着していきました。

米在住フリーランスライターの堂本《どうもと》かおるさんは「直訳どおり魂という意味が込められている。なお残る人種差別に辛酸をなめ、それでも人間としての魂を持った者であるという主張が背景にある」といいます。

日本で「たこ焼きは……」という風に使われるようになったのは、２０００年代に入ってからのようです。町おこしなどでB級グルメの催しが各地で開かれ、郷土色のある料理を指すようになりました。今ではこの使い方ばかりが目に付きます。

国語辞典編纂《へんさん》者の飯間浩明《いいまひろあき》さんは「人々のアイデンティティーとなっている食べ物という点では原義につながっている。米語、日本語それぞれに地域の事情を踏まえた用法があるということ」と分析します。米南部育ちで日本在住43年の早大名誉教授のジェームス・M・バーダマンさんは、日本語のソウルフードについて「ちょっとだけ不思議に思うが、『子供時代から食べていた地元の普通の家庭的な料理』という点で分かります」と理解を示します。

（秋山博幸）

平成の方言

●「方言コスプレ」などで復権

平成の約30年間にさまざまな新しいことばが生まれ、従来のことばも変化してきました。３回にわたり、「平成の日本語」を振り返ります。初回は、変容した方言について見てみます。

哀願する場合に「おねげえしますだ」、ツッコミを入れるときは「なんでやねん」、豪快な印象を与えたいなら「ごちそうでごわす」……。

近年、若い世代を中心に、いかにも方言らしい表現で場面に応じたキャラクターを演じ分ける手法がしばしば見られます。田中《たなか》ゆかり・日本大教授のいう「方言コスプレ」です。

方言は「標準的でない」として、教育現場では直すべきものとされた時期もありました。ところが昭和後期から平成にかけて、次第に「面白い」「かわいい」と見なされるようになりました。方言コスプレは、その風潮の中で生まれました。

地方の方言が首都圏に流入する現象も目立ちます。例えば「行くべ」などの「べ」は、もともと東北や北関東近辺で使われていましたが、最近は東京都心の若者でも使います。今は全国区で主に若年層が使う「〜みたく」や「うざったい（うざい）」も、元来は地方の方言です。井上史雄《いのうえふみお》・東京外国語大名誉教授は、これらを「新方言」と名づけました。

共通語の影響下に生まれた新しい方言も広まっています。真田信治《さなだしんじ》・大阪大名誉教授が提唱した「ネオ方言」です。典型例として、「来ない」を意味する関西中部方言の「こーへん」があります。これは、共通語「こない」の影響を受けて、関西方言「けーへん／きーへん（きーひん、とも）」が変化した形だとされます。

方言は、マスメディアの発達などによって衰退したといわれます。確かにその通りですが、近年は比較的若い世代の間で「復権」を果たし、形を変えて生き延びているともいえます。

（田島恵介）

平成の略語と新語

不景気な世相が生んだ表現

「オヤジギャル」「老人力」「倍返し」……。平成の約30年間、さまざまな新語が現れては消えていきましたが、すっかり定着して新たな表現が派生したものもあります。

例えば「セクシャル（セクシュアル）・ハラスメント」。これが「新語・流行語大賞」の新語部門で金賞に選ばれたのは、1989（平成元）年のことです。80年代初頭には一部でしか知られていませんでしたが、平成に入って「セクハラ」という略語とともに広まりました。「セクハラ」はその後、「アルハラ（アルコールハラスメント）」や「パワハラ（パワーハラスメント）」などを生むほど世間に浸透しました。

ある言葉が略語になって一般化すると、応用して新しい複合語をつくることもあります。

例えば、90年代後半から目立つようになった「就活（就職活動）」。その「活」という要素をもとに、「婚活」「終活」などの言葉がつくられました。これらの「活」は、「活動」の略語というよりも、「活」だけで別の略語と結びついて新たな複合語をつくる独立した要素になっています。漢字は1字だけでも意味をくみ取ることが容易なため、ますますその傾向に拍車がかかったと考えられます。

なぜ略語の「就活」は、平成に広まったのでしょうか。

平成の大半は、バブル崩壊・世界金融危機後の「失われた20年」に当たり、「就職氷河期」でした。この時期の若者たちは、就職活動に明け暮れることを余儀なくされ、話題にする機会が急増したことでしょう。そのため「就活」は、自然に受け入れられたと思われます。

国語辞典編纂《へんさん》者の飯間浩明《いいまひろあき》氏は、「家族割《わり》」「早割《はやわり》」など、「割」の1字が「割引」を意味するようになった時期も、日本経済の低迷期に重なるとみています。「就活」や「〜割」は、不景気な世相が生んだ表現だと解釈できるでしょう。

（田島恵介）

平成の日本語ブーム

●英語公用語化論への危機意識も

言葉が注目の的となる「日本語ブーム」は、不景気なときに起こる傾向にあるようです。

ブームは戦後に何度か起こりましたが、例えばメディアで日本語ブームだと盛んに言われた昭和後期（1970年代）は、石油ショックの影響で実質経済成長率が落ち込んでいました。

平成にブームが起こった際（99〜2009年ごろ）も国内経済は低調でしたが、過熱ぶりは他の時期をしのぎます。

その初めの数年間で、大野晋《おおのすすむ》「日本語練習帳」（99年刊）を皮切りに、齋藤孝《さいとうたかし》「声に出して読みたい日本語」（01年刊）や柴田武《しばたたけし》「常識として知っておきたい日本語」（02年刊）などが立て続けにミリオンセラーやベストセラーとなり、続編・類書が多数刊行されたのです。

不景気な時代は、自分とは何者であるかというアイデンティティーが模索されるため、母語への関心が高まるともいわれますが、平成の大ブームにはほかにも理由があるようです。

折しも、小渕恵三《おぶちけいぞう》首相の私的諮問機関「21世紀日本の構想」懇談会が「長期的には英語を第二公用語とする」と提言していました。背景には、英語を話せなければ国際的に不利な立場になるとの切迫感もあったのでしょうが、賛否相半ばしました。

さらにブーム末期には、水村美苗《みずむらみなえ》「日本語が亡《ほろ》びるとき」（08年刊）が議論を呼びました。同書は、インターネットの誕生で英語が「普遍語」として世界で流通していると述べ、日本語の地位も決して安泰ではない、と警鐘を鳴らしたのです。

こうした風潮に目を向けると、平成のブームは、台頭した英語公用語化論への危機意識の表れでもあったと考えられます。もっとも、提言は数年で立ち消えとなりましたが、英語はいま、国際語としての存在感をますます高めています。

そんなときだからこそ、今後の日本語について本格的に議論すべきなのではないでしょうか。

（田島恵介）

病よけの妖怪「アマビエ」

●ずっと「アマエビ」と思っていた

病よけの願いが込められた妖怪「アマビエ」。コロナ禍で人気です。筆者は、この絵には昔からなじみがあるのですが、実は――「アマエビ」だと思っていました。すしネタと勘違いしていたの？と言われそうですね。

思い込みの理由は、1991年出版の「日本妖怪大全」（水木《みずき》しげる、講談社）です。水木ファンの筆者が、緻密《ちみつ》さ抜群の絵にひかれ買った一冊。そこに、半人半魚の絵とともに記されていた名前がアマエビでした。

あれから約30年、コロナ禍で話題になって初めて、アマエビではなくアマビエなのかと認識しました。

水木プロダクション代表で水木さんの長女原口尚子《はらぐちなおこ》さん（57）によると、「妖怪大全」編集の際、水木さんの「意図ではなく」何かの理由で誤記、誤植されたようです。実際、84年出版の著書などではアマビエ。もっとも、誰かを傷つける問題がある

水木しげるさんが描いたアマビエ　ⓒ水木プロ

わけでもないし、むしろ気持ちが和らぐ誤植です。ファンの間では有名な話といい、唯一のアマエビ表記の本は、「レア物」扱いなのかも。

そもそも、アマビエ自体が誤記というのが通説です。妖怪研究家の湯本豪一《ゆもとこういち》さん（69）によると、江戸〜明治の刷り物などに尼彦、阿磨比古、天日子尊《あまびこのみこと》が登場。多くは豊凶と病を予言する存在ですが、この「アマビコ」を誤記したという説です。

ではアマビコの語源は？　裏付ける文献はまだないそうですが、湯本さんは「予言」と関連し「天の声」の意味では、と考察しています。

（鶴田智）

なぜ「銃音」ではなく「銃声」か

●明治時代に翻訳から生まれた

銃を使った痛ましい事件が起きた場合に、事件を見聞きした人が「銃声を聞いた」と報道されることがあります。

聞こえたのは銃を発砲する音です。「発砲音」とされることもありますが、紙面では「銃声」のほうが多く使用されています。一般に「音《おと》」は無生物の発するもの、「声《こえ》」は生物が発声器官を使って発生させているものを表すと使い分けています。理屈では「銃音」と呼ぶことになりそうですが、一般的ではありません。

明治大学の田中牧郎《たなかまきろう》教授（日本語学）によると「銃声」という語は明治時代に英国の小説の翻訳で使われ始めたそうです。翻訳の際に生み出された言葉だというのは意外でした。

同様に生物でない「声」で思い起こされるのは、「平家物語」の冒頭の「祇園精舎の鐘の声」です。日本国語大辞典の「おと」の項の「語誌」には、「古くは『こえ』

は生物の声のほか、琴、琵琶、笛など弦・管楽器、また、鼓、鐘、鈴などの打楽器の音響にも使われた」とあります。

また、「聞けばそのものと認識されるような音声に対して使われていた」とも説明されています。田中教授は『銃声』という語を造語するときに、和語の『こえ』の持つこのような性質が反映していることは十分に考えられる」といいます。

物の音に「声」を当てる語には、ほかにも「雨声《うせい》」(雨の音)、「鞭声《べんせい》」(馬にむち打つ音)、「艣声《ろせい》」(舟の艣をこぐ音)などがあります。しかしいずれも普段の生活で使うことは減っており、古い用法だと言えそうです。「銃声」は比較的新しくできた言葉ですが、事件を報じる記事で見る程度で、身近なものではないために、古い形に近くても違和感を持ちにくいのかもしれません。

今後も、「銃声」が身近にならないような世の中であってほしいと思います。

(田中孝義)

消えゆく「ヴ」

●外国名から消えた理由

外国名から「ヴ」が全て消えた——。外務省が使う国名の基準となる「在外公館名称位置給与法」の改正法が2019年3月末、成立したためです。西アフリカの島国「カーボヴェルデ」は「カーボベルデ」に、中南米の島国「セントクリストファー・ネーヴィス」は「〜ネービス」になります。17年前に「ヴィエトナム」を「ベトナム」、「ヴェネズエラ」を「ベネズエラ」に変更するなどした法改正と足並みをそろえる対応。世間のなじみや辞書などでの表記を重視し、ついに「ヴ」はなくなりました。

現代では、日本語を母語とする人は「ヴァ・ヴィ・ヴ・ヴェ・ヴォ」と「バ・ビ・ブ・ベ・ボ」とを区別して発音する場合はほとんどありません。例えば「ベートーベン」を「ベートーヴェン」と表記しても、通常は「ヴェ」の発音を1拍目の「ベ」とことさらに区別しないはずです。これは、日本語の「音韻《おんいん》」にvがなく、bで置き換えられるためです。実は音韻は、それぞれの言語によって種類が異なるものです。

逆の例から見てみましょう。「新聞」は、ヘボン式ローマ字で「ｓｈｉｍｂｕｎ」とつづります。２拍目の「ん」を「ｍ」、４拍目の「ん」を「ｎ」と表記するのは、英語などでは両者を別々の音韻と捉えるため。しかし日本語話者は「ん」という一つの音韻と考えるので、日本語では「しんぶん」と書きます。

朝日新聞社は、国名表記に限らず基本的に「ヴ」を使いません。ところが国名表記は必ずしも政府と一致していません。冒頭の２カ国も「カボベルデ」「～ネビス」と音引き無しで書きます。どう発音するかということと併せて、独自に決めているケースも多いのです。人名や地名の表記もメディア各社で様々。読み比べてみると面白いかもしれません。


（田島恵介）

五月病のはじまり

●バック・トゥー・スクール・ブルーズ

2019年は長い人で10日間の超大型連休となりそうなゴールデンウィーク（GW）。「半端ないですよね」というのはタレントのパックンことパトリック・ハーランさん。新入学生や新社会人は、かつてよく耳にした「五月病」の再来に注意です。

もともと学生の無気力症候群（スチューデントアパシー）の一つ。4月に入学して1カ月がたち、5月のGW明けに多く見受けられたことから、この名前で呼ばれるようになったと言われます。梅花《ばいか》女子大学の米川明彦《よねかわあきひこ》教授（日本語学・俗語研究）によると、「1960年代後半から使われるようになった」。ちょうど戦後の第1次ベビーブーマーが大学に進学し始めた時期と重なります。

「昭和40年代（1965〜74年）を境に受験戦争の構図が変わった」と主張する社会学者の竹内洋《たけうちよう》・関西大学東京センター長も「その時期から大学が大衆化していった。頑張って入った大学で『自由』の謳歌《おうか》の仕方や目的意識が見えなくなったのが要因だろう」と分析します。

　五月病という言葉ではないけれど、米ハーバード大学出身のハーランさんも同じような季節的な英語として「Back《バック》 to《トゥー》 school《スクール》 blues《ブルーズ》」があるといいます。米国は9月が入学時期。「学校に戻った現実でブルーになる」とハーランさん。そして、クリスマス休暇明けも同じように落ち込んだかというと、当時のハーバード大は少し変わっていたそうです。「休み明けにいきなりテストが控えていて、勉強と休みとで極限の精神状態に陥った」といいます。休み明けの深夜午前0時を過ぎると、真冬なのにキャンパス内で上半身の服を脱いで雄たけびをあげたり、同時にブラスバンドが現れたりと、「大変な状態。お祭りのようだった」と振り返ります。

（坂上武司）

誰にでも起きる五月病

●現代病、職業病などに似る

五月病を言葉としての側面から考えると、季節や時代などと合わさって構成されるタイプの言葉だと明治大学の田中牧郎《たなかまきろう》教授（日本語学）は説明します。時代を表す「現代病」、世代を表す「成人病」、属性を表す「職業病」などが似たようなつくり。平成に入ってからは、病気の様子や要因を表すものとして「○○症（候群）」が増えますが、時期や世代、属性などを表す言葉に「症」はつきにくい。つまり「病」は「結びつく語の範囲が広い」といいます。

東京大学で教えていたころ、数多くの学生と接してきた日本文学研究者のロバート・キャンベルさんは「『（鳥の）くちばしの色が変わる』という表現を私はよく使っていました」。4月の高揚した新入学生の雰囲気がGW明けは一変、口ぶりや態度などは1カ月で変わりました。

欧州を中心に、日照時間が短い秋から冬にかけて陥りやすい「季節性感情障害」

（SAD）に似ているとキャンベルさんはみています。「特に日本は梅雨も控える。何か気持ちまでが垂れ込んでしまう、そんな病気としての側面があるのではないでしょうか」

東邦大学の水野《みずの》雅文《まさふみ》教授（精神神経医学）は「江戸時代の医者は、花が散るまでは養生しなさいと言っていたそうです」。春は一日の寒暖差があり、気圧の変化も激しい。だからもともと心身に変化が起きやすい季節。加えて、日本は新年度で進学や就職という新たな環境の変化も。最近使われる頻度が少ない五月病ですが、単なる流行語ではなく、存在する理由は確かにあります。誰にでも起きうる五月病。水野教授は「うつ病や適応障害になる可能性もある。各大学や企業のメンタルサポートも充実してきたので、早めに相談するように」と呼びかけています。

（坂上武司）

「手は鬼」と口にするとき

●「鬼」からの贈り物

荒々しくて恐ろしい。そんなイメージのある「鬼《おに》」ですが、「仕事の鬼」など「物事に精魂を傾ける人」という意味でも使われます。民俗学など様々な角度から鬼を論じる歴史作家の戸矢学《とやまなぶ》さんは著書『鬼とはなにか』で「元々の鬼は、福をもたらす『かみ』であった」といいます。

そんな鬼を使った言い回しが三陸地方に伝わります。目の前には収穫したばかりの大量の梅や牡蠣《かき》。へたをとったり、殻をむいたり、膨大な手作業が待つ――。そんな時に「目は臆病、手は鬼」。見た目は大変そう。でも、手だけを動かせば、いつの間にか仕事は片付いている、と。

2011年の東日本大震災で大きな被害をうけた宮城県気仙沼市。この地で手編みのセーターやカーディガンを作る「気仙沼ニッティング」。震災後、地元復興のためにスタートした会社です。漁業で栄えてきた街。遠洋に漁へ出ていく夫や子どものため、元々セーターなどを手編みで作る家が多いとのこと。だから、編み手は地元から約80人。

社長の御手洗瑞子《みたらいたまこ》さんによると、編み手の女性もこの言葉を口にします。編み始める時、他の編み手の作ったセーターを見てしまうと、「自分もあんなにきれいに編めるだろうか」と心がひるんでしまう。そんな時に言い聞かせるのがこの言葉。逆に、完成間近のカーディガンを見つめながら、「自分の気持ちはともかく、手はちゃんと仕事をしてくれたなあ」。物事の始まりだけでなく、終わりにも、「目は臆病、手は鬼」と言うのだそうです。

いま編み手は秋に発表する新作を作っている真っ最中。それぞれ異なる震災の被害や思い。でも、やるべきことは完璧に仕上げること。手を動かすこと50時間以上。心を込めた一着が、「鬼」からの贈り物になります。

（坂上武司）

「御三家」って？

安定と融和の「三」昭和歌謡にも

２０１８年５月、西城秀樹《さいじょうひでき》さんが63歳で亡くなりました。記事の中にあった「新御三家」という言葉に、若い同僚は誰が誰だかピンと来ない。これはまずい……。そこで今回、「御三家」についてお伝えすることにしました。

新御三家と呼ばれるのは、１９７０年代前半にデビューした西城さん、野口五郎《のぐちごろう》さん、郷《ごう》ひろみさんという歌手３人です。

その御三家の由来。辞書では尾張・紀伊・水戸の「徳川御三家」。中京大の白根孝胤《しらねこういん》教授によると、将軍家から跡継ぎが出ない場合は「徳川御三家」から将軍を出すという、ほかの親藩とは「別格」の家柄。水戸家は「副将軍」的な立場でしたが、「五代将軍綱吉の時代から『御三家』という言葉が定着するようになった」と説明します。

日本の伝統文化に詳しい東海学園大の安田文吉《やすだぶんきち》特任教授は「数字の『三』には、古くは中国から広がった安定感のある思想がこもっている」。一対一の対決より三つのバランスによる「融和」で高め合うイメージが好まれやすいといいます。

「三種の神器」や相撲の「三役」、野球の「三冠王」といった「3」にまつわる日本の言葉はたくさん。さらに「日本3大夜景」など「3大○○」は日本人の大好物で、「日本三大協会」の代表で放送作家の加瀬清志《かせきよし》さんは「日本人は『おや、まあ、なるほど』と3回うなずいて納得する文化。だから3人や三つで売り出すことが多い」。

昭和歌謡の本来の「御三家」と言えば、橋幸夫《はしゆきお》さん、舟木一夫《ふなきかずお》さん、西郷輝彦《さいごうてるひこ》さんの3人。橋さんは「雑誌が作ったキャッチコピーでしたけど、うれしいことに一番先輩。お互い頑張れました」。一方、「三者三様に迷惑だったんじゃないでしょうか」と語るのはクールな舟木さん。そして、西郷さんは「僕は永遠の年下で、気楽な立場です」。刺激しあって生まれた名曲の数々は、今もファンを酔わせ続けています。

（坂上武司）

紙面で現役「内助の功」

●「夫婦とは」潜む意識を自問

2018年末、青森県五所川原市が褒賞受賞者らの妻に贈ってきた「内助功労章」を廃止したと報じられました。女性受賞者の夫には贈っておらず、市長は「女性が男性を支える時代とは夫婦のあり方が変わっている今、章の名称も運用も、行政が出すメッセージとしては誤解を持たれかねない」と廃止の理由を語っています。

「内助の功」でまず思い浮かぶのは、戦国時代の山内一豊《やまのうちかずとよ》の妻。現代では死語かと思いきや、2000年代に入ってからも朝日新聞の紙面に200件超登場し、まだまだ現役のようです。共働きが多数派になり、「内助の功に報いる税制」である配偶者控除の是非が議論されたことなども影響しています。

「内助」は内部からの援助や表立たずに援助することの意ですが、主な国語辞典はいずれも「内助の功」の例を挙げて「特に、妻が家庭にいて夫の働きを助けること」と説明。紙面でもこの使い方が大多数です。スポーツ選手を女子マネジャーが、首相を官房長官が支えるという使い方も見られますが、いずれも「主役が夫でサポート役が妻」という夫婦関係に見立てたものと言えます。

最近は原稿を校閲する中で、あからさまな性差別や女性蔑視の表現を見ることはまずなくなりました。その一方で、仕事と家庭の両立支援の記事で女性だけを想定したものが以前よりも目につきます。ノーベル賞受賞者の報道では「妻の支え」が美談として強調されることへの疑問も呈されています。前向きな話題なのでつい見過ごされがちですが、これらも性別役割分業の意識を助長しかねません。

社内の記者向け「ジェンダーガイドブック」では、こうした構図で描かれがちな例を挙げ、夫唱婦随をたたえる印象にならないよう注意喚起しています。「夫婦とはこういうもの」との意識を押しつけていないか、記者自身が自問する必要を感じます。

（細川なるみ）

北海道ではなく「北加伊道」

●アイヌへの敬意と配慮を込めて

かつて蝦夷《えぞ》と呼ばれた地が、北海道と命名されて2018年で150年目。名付け親は、幕末の探検家、松浦武四郎《まつうらたけしろう》です。松浦は伊勢（三重県）出身で、ロシアの脅威が迫る北方の実情を調査しようと自ら蝦夷や千島、樺太を探検しました。

維新後、蝦夷の事情に詳しいことから、明治政府の一員になります。北海道庁などによると、蝦夷は異民族を意味するため、明治政府は新名称を審議。その際、松浦は古典やアイヌ語などから幾つか考案し、最も推したのが「北加伊道《ほっかいどう》」でした。

先住民のアイヌの人々はお互いを「カイノー」と呼んでいました。松浦はアイヌの長老から、「カイ」はこの土地に生まれた者、「ノー」は尊称であると聞きました。また、熱田神宮の歴史を記した「参考熱田大神縁起」には「東国で暮らす人々は自らの国を加伊と呼ぶ」とあり、北加伊道こそ、この大地にふさわしいと考えたのです。

結局、王政復古を掲げた明治政府によって、律令時代の七道にならい、水戸藩主・

徳川斉昭《とくがわなりあき》らが唱えていた「北海道」と定められました。1869年8月のことです。松浦は国名（振興局、総合振興局の原形）や郡名の選定にも関わっており、それまでの貢献によって命名者として名を残しました。

高瀬英雄《たかせひでお》・松浦武四郎記念館元館長は「北加伊道という名称には、アイヌへの敬意と配慮が込められていたと思います」と言います。「北海道は彼の本意をくみとったものではありませんでした」

高瀬さんによると、松浦は当時の日本人のアイヌ民族への差別、横暴といった非道さを告発しました。しかし、明治政府は無視し、「差別政策は残したままで、アイヌと協力しようとしませんでした」と言います。

松浦は政府の役人をわずか半年余りで辞しました。その後、著書などでは皮肉をこめ、「馬角斎《ばかくさい》」と名乗ったそうです。

（中島克幸）

なぜ箱館が函館に？

●始まりは「箱」、幕末から混在

2019年は旧幕府軍と明治新政府軍との戦い「戊辰戦争《ぼしんせんそう》」が北海道・函館《はこだて》で終結してから150年。かつては「箱館」と表記されていましたが、現在は「函館」。なぜでしょう。

もともと函館は、地形からアイヌ語で「湾の端」を意味する「ウスケシ」「ウショロケシ」と称され、「宇須岸」「臼岸」と字を当てていました。海潮を受ける飛島を意味する「ウショムケモシリ」との呼び名もあったそうです。

「箱館」と呼ぶようになったのは15世紀半ば。東北の豪族の一人、河野政通《こうのまさみち》が館《やかた》を築き、それが箱形に見えたため、と伝えられています。ほかにも、その館を造る際に箱が出土したからとの説や、アイヌ民族がその館を「ハク・チヤシ」（小さな館）と称したので箱（ハク）館（チヤシ）と当てたとの説もあります。

それ以降、江戸時代後期の蝦夷《えぞ》地行政を担った「箱館奉行」のように、明治までは

「箱館」が使われていた印象があります。

ところが、函館博物館の学芸員保科智治《ほしなともはる》さんが安政6年の税関資料を紹介してくれました。輸出品に押す判形《はんぎょう》には函の俗字「凾」がありました。「箱館／函館」は幕末から混在し、奉行所は「箱館」、税関は「函館」を使っていたようです。

保科さんは「内政と外政、あるいは公式文書とその他で使い分けがあったのかも知れません。区別が厳密だったかは分かりません」。

戊辰戦争の大詰め、旧幕臣・榎本武揚《えのもとたけあき》、新選組副長・土方歳三《ひじかたとしぞう》らが戦って敗れた五《ご》稜郭《りょうかく》の戦いは別名「箱館戦争」とも言います。以降名実ともに明治の時代が始まりました。これを機に「函館」にすっきり切り替わったのかと思いきや、そうではありませんでした。

（中島克幸）

不明な「函館」認知

●大坂も大阪に

箱館／函館の混同は明治政府の統治下でも続きます。明治時代に編まれた「函館区史」「函館沿革史」などには、１８６９（明治2）年に函館と改められたとありますが、函館博物館学芸員の保科智治《ほしなともはる》さんは「それを裏付ける公的記録はありません」。

更に保科さんによると、30年以上前に北海道庁である資料が見つかりました。開拓使の函館支庁が開拓使の最高機関・東京出張所に出した１８７６年の上申書です。

「公文上及び印章などで『函』の字を用いてきたが中央官庁では『函』『箱』が混同されている。特に法令で『函』の字が正しいと決めてあったわけではないが『函』の字を正字と決定することでいかがか」。表記の混乱が続いていたことが分かります。

東京出張所は「支庁の考え通り『函』の字に統一するのがよい」と返答。この時やっと「函館」が認知されたと言えるのかも知れません。保科さんは「上申書以前に通達などがあったが、改めて正式に『函』に統一することに決めたのでは」。

地名と言えば、「大坂／大阪」も元々は「大坂」が主でした。函館同様、こちらも江戸時代後半には併用され、「阪」に統一されたのは明治10～20年ごろと言われています。「坂」が「土に反《かえ》る」で縁起が悪いから、との説もありますがはっきりしません。

函館も「箱」でなく「函」に統一された理由は、明確な資料がなく分からないそうです。ただ「函」には「身を包む武具＝よろい」という意味もあります。早くから海外に門戸を開き、外国船の入港も多い地だったから、外敵から日本を守る「よろい」としての自負を込めたのでは――。これは筆者の想像ですが、皆さんはどう思われますか。

（中島克幸）

「イオン」命名はファラデー

●ギリシャ語の「移動」が語源

2019年のノーベル化学賞に選ばれた吉野彰《よしのあきら》さんが開発したのは、スマホなどに使われる「リチウムイオン電池」。金属のリチウムより電子が少ない「リチウムイオン」が、電極の間を行き来して電子のやりとりが起こり、充電池の機能が生まれます。

原子やその集まりから、電子が抜けたり加わったりして、プラスやマイナスの電気を帯びた状態を「イオン」と呼びます。発見したのは、英国の科学者ファラデー（1791～1867）。水に電極を入れて電気を流すと、溶けている物質が電極に引き寄せられることを見いだし、「移動」という意味のギリシャ語から「イオン」と命名しました。

ファラデーは科学教育に熱心だったことで知られ、子供向けの科学講座の内容をまとめた「ロウソクの科学」は現在も読み継がれるロングセラーです。吉野さんも少年時代に読み、化学に興味を持ったそうです。

吉野さんは旭化成の企業研究者ですが、日本でもう一人、民間企業での研究でノーベル化学賞を受賞したのが、島津製作所の田中耕一《たなかこういち》さん。実は、田中さんの研究もイオンにまつわるものでした。たんぱく質などを分析するために、イオンにする方法を開発したのです。

イオンは静電気を帯びており、電圧をかけると軽いものほど速く動きます。速さを測って重さを調べ、たんぱく質などを特定するのが「質量分析」。ここでも語源通り、イオンの「移動」が鍵となっています。

校閲記者の私たちにとって要注意なのが、ボタン電池などに多い「リチウム電池」。よく似た名前ですが、吉野さんのリチウムイオン電池とは別物です。12月のノーベル賞授賞式に向け、「イオン」がどこかに「移動」してしまっていないか、目を光らせる日々が続きます。

（加藤正朗）

歴史用語「琉球処分」

●明治政府の文書の題

2019年10月に首里城（那覇市）の正殿などが全焼しました。この城は1429年から1879年まであった琉球国の政治と文化の中心でした。火災の記事にあった「琉球処分」という言葉について、沖縄出身の読者から「本土の人間からみた言葉では」という声が寄せられました。

琉球国が日本の政治体制に組み入れられたことを指す「琉球処分」。1609年以降、薩摩藩の政治的影響下にあった琉球国は一方で、清への従属も続けていました。1879（明治12）年、明治政府は軍や警察の圧力を背景に沖縄県の設置を強行しました。当時の政府の担当者がこの一連の出来事をまとめた文書の題が「琉球処分」でした。高校の日本史の教科書でも一般的に使われ、歴史用語として定着しています。

最近、沖縄の新聞では「琉球併合」という表現も見られるようになっています。

「近代東アジア史のなかの琉球併合」（波平恒男《なみひらつねお》・琉球大教授）という本もあります。神奈川大の後田多《しいただ》敦《あつし》准教授（琉球史）によると、戦前も専門家の間には「琉球併合」は韓国併合と並ぶ国家併合であったという理解があり、１９３４年の「明治外交史」（田保橋《たぼはし》潔《きよし》著）でも「琉球併合」という表現が使われているといいます。

明治政府側の言葉である「琉球処分」を沖縄自らが使うのは問題だ、という声は近年強まっています。

後田多さんは、今回寄せられた読者の声について「歴史を主体的にとらえたいという動きで、現在の沖縄の状況に対応している」。ただ、一方で「琉球処分」という用語は「処分して併合した明治政府の手法が、極めて強引であったということを表現できる側面もあります」とも話しています。

（上田孝嗣）

「がん」漢字の由来

●不治の「岩」、今は昔

生涯で日本人の2人に1人がかかるという病気のがん。「癌《がん》」という漢字は、常用漢字ではないため、ふつう公用文書や新聞などではひらがなで表記されます。しかし、2019年に発表された文化庁の調べでは7割以上の人が癌の漢字を使いたがっているという結果が出ました。

癌は、やまいだれに岩を意味する嵒をつけます。漢字研究で知られる故白川静《しらかわしずか》さんの「字通」には「組織が次第に増大して岩のようになるので、癌という」。中国宋代の「衛済宝書」に症状についての記載があるとあります。江戸時代の医学書にも乳岩や乳巌の文字が見えます。

一方、がんにあたる英語はかに座などを意味するcancer。ドイツ語もカニにあたるkrebsです。現在のがんにあたるものかは不明ですが、古代ギリシャの医学の父ヒポクラテスが「カニのようなもの」と名付け、それが英語やドイツ語になったとされます。岩やカニに例えられたのは触ってわかったりするためでしょうか、がんを意味する古代エジプト文字も残っています。

辞書を見ると、がんには「比喩的に、機構・組織などで、取り除きがたい難点」(広辞苑)、「組織全体に障害を及ぼしている事柄」(大辞林)という意味も。ただ最近は、早期発見と適切な治療が可能となり、がんは不治の病ではなくなりました。がんとともに生きる「がんサバイバー」という言葉も耳にするようになり、比喩的に使われることは少なくなりました。

「5年生存率は今後70％近くになるでしょう」と語るのは、2度のがんを経験した公益財団法人日本対がん協会会長の垣添忠生《かきぞえただお》さん。「隠したりせず、働きながらがんと共生できる社会を目指したい」と話しています。

(菅野尚)

「スピリッツ」の長い旅

●お酒は魂を帯びている?

新型コロナウイルス対策で使われる消毒用アルコールが品薄です。そこで代替品として、各地の酒造業者がアルコール濃度の高い「スピリッツ」の製造に乗り出しています。

スピリッツは、大麦やブドウなどの醸造酒を加熱し、蒸発した成分を取り出す「蒸留」という工程をへてつくるお酒のこと。日本洋酒輸入協会によると一般にウォッカ、ジン、ラム、テキーラが4大スピリッツとされ、カクテルにも欠かせません。

英語のｓｐｉｒｉｔ（ｓ）には、蒸留酒の意味のほかに、「魂、霊、精神」の意味がありります。魂を表す言葉が、なぜお酒を指すようにもなったのでしょう。堀田《ほった》隆《りゅう》一《いち》・慶応大教授（英語史）によると、ｓｐｉｒｉｔの語源はラテン語の「息」。肉体に生命を吹き込む息が、同様に精神も吹き込むと考えられていました。

一方、酒は新約聖書の記述に由来するものとして、西洋の諸言語で「生命の水」と呼ばれてきました。

さらに、中世に錬金術師の実験によって蒸留技術が生まれると、蒸留酒は「生命、精気を帯びた物質」としてとらえられました。そして、スピリッツと呼ばれるようになったと考えられるのです。堀田さんは、「ｓｐｉｒｉｔは意味変化の長い旅を続けてきた」と話します。

外出自粛による「巣ごもり」で、自宅で飲まれるお酒の売り上げは伸びました。半面、営業を取りやめてきた飲食店への影響は深刻です。

約２カ月ぶりに時短で営業を再開した横浜・野毛のバー経営者、田村誠《たむらまこと》さんは「しっかり感染対策をして難局を乗り越えたい。バーテンダーの注ぐ酒が、お客様の『心の消毒』にもなれば」と語ります。

お酒はほどほどに楽しみながら、コロナに負けない前向きなスピリットで過ごしていきたいですね。

（上田孝嗣）

「檀那」と「ドナー」のつながり

●はるか昔、共通の「祖語」

「檀那」「旦那」「ダンナ」。書き方は色々ですが、夫をこう呼ぶことに抵抗感がある人も多いようです。

ただ、元々は女性が男性を一方的に立てるといった意味ではありませんでした。古代インドで使われたサンスクリット語（梵語《ぼんご》）の「dāna」からきた言葉で、仏教が中国に伝来するとき、その発音から檀那の漢字が当てられました。意味は「施し、与える」で、意訳は「布施」。日本には仏教伝来の6世紀以降に伝わったと考えられます。

お布施は、僧侶への読経などの謝礼の意味で使われますが、元は仏教の修行や供養を指しました。寺や僧に布施をする人や家を施主、檀家《だんか》といい、梵語でdānapati（檀那波底）、略して檀那。後にはスポンサーやパトロンの意味にも使われるようになりました。

一方、移植手術で臓器提供者のことを「ドナー」といいます。この「ドナー」も梵語の「dāna」につながりがあります。

梵語のdānaは動詞語根dā「与える」に接尾辞anaがついた名詞で基本的な意味は「与えること」「与えられるもの」。dānaに名詞のpati「主人」がついたのがdānapati。ラテン語ではdōnāreが「与える」。英語のdonationの「寄付、寄贈」、donor「寄贈者、施主」はラテン語などから変化してきたものです。

欧州の言語と梵語などはまとめてインド・ヨーロッパ（印欧）語族と呼ばれ、遠い親戚関係にあります。広島大の川村悠人《かわむらゆうと》准教授（インド哲学）は「これら『与える』という意味と関連する諸語は、共通の祖先（印欧祖語）を起源として様々な展開を経て今の形になったもの」と言います。千年以上前に到来した「だんな」と現代の医学で使う「ドナー」は、実は同じ語源を持つ言葉だったのです。

（町田和洋）

5

語感、言い回し、使い方……日本語はおもしろい

「右」と「左」、どちらが優位？

●言葉は右、しきたりは左

「右」が「左」より優位なのはなぜ、と読者から質問がありました。日本語のことですが。

なるほど、「右に出る者がない」「右腕《みぎうで》」といったように右がつく言葉にはプラスイメージがあるのに対し、左には「左遷」とか「左前」などマイナスイメージの方が強いです。

「右上位」の起源をたどると、日本書紀（720年）の「今無出於麁鹿火右《あらかい》」（アラカイ＝人名＝の右に出る者なし、の意）という記述に行き当たりました。ところが、同じころの古事記（712年）には、イザナキ（神の親）の左目から天照大御神《あまてらすおおみかみ》が生まれたとされる一節があり、「左上位」とする考え方もあったようです。

そういえば左大臣は右大臣よりも格上でした。いまでも舞台の左側（客席から見て右）を上手、右側を下手と呼び、床の間を背負えば左手が上座、右手は下座とする慣習があります。

なぜ価値観が二方向に分かれたのか。時代ごとに左右への優劣が異なった中国文化の影響だとする説もありますが、定かではありません。日本では言葉は右、しきたりで左優先と使い分けてきたともいえそうです。

一方、西洋では「右上位」で〝言行一致〟のようです。英語の右「ｒｉｇｈｔ」は正しいという意ですし、ラテン語の左「ｓｉｎｉｓｔｅｒ」には不吉な、という意味もあります。

儀式でも「右上位」となっています。国際儀礼にくわしい阿曽村智子《あそむらともこ》・学習院女子大非常勤講師によると、二国間の首脳会談では、開催国が相手国を右側に配置させて、格上扱いするのが外交上の礼儀だといいます。日本でも右へならえで、安倍晋三《あべしんぞう》首相が常に賓客の左側（向かって右側）に立っている姿が写真からも確認できます。

共通の言葉を持たない世界では礼節がより重んじられるということでしょうか。いざという時に右往左往しない、そんなマナーは身につけたいものです。（中村純）

人間の目を助ける「タカの目」

●ウィンブルドンでも大活躍

テニスのウィンブルドン選手権が、英国で開幕します。打球は時速200キロを超えることもあり、コートをいっぱいに使ったラインぎりぎりの攻防が繰り広げられます。ここでは、「タカの目」が重要な役割を担います。

ライン際の正確な判定は人間の目では難しく、その支援のため、4大大会では2006年の全米から導入されたシステムが、タカの目を意味する「ホークアイ」です。テニスの放送で、コート上に着地するボールのグラフィックスをご覧になったことがあるかも知れません。

システムはソニー傘下の英ホーク・アイ社が開発しました。ソニーによると、コートを囲むように複数のカメラを配置し、多角的に撮られた映像を解析。瞬時にインかアウトか判定します。社名の由来は創設者ポール・ホーキンズ博士の名と、英語で油断のない、隙のないといった意味の「hawk eyed」を掛け合わせたものです。

獲物に向かって飛び立つタカの鋭い目つきやその探知能力は、国は違っても似た印象で捉えられてきました。野鳥写真家の大橋弘一《おおはしこういち》さんの「日本野鳥歳時記」によると、定説はないものの「タカ」は、高く飛ぶ「高」、猛禽《もうきん》を意味する「猛《たけ》」、その素早さから「疾《と》く」、高貴なものとして「貴」などが語源ともあります。

いいイメージの言葉が並び、人とタカの親密な関係や尊敬が感じられます。タカと狩りをする伝統を受け継いできた鷹匠《たかじょう》など、昔からタカは人間のよきパートナーでした。

先ほどのホークアイにも、人への優しさを感じさせる役割があります。ラグビーの試合では、脳振盪《しんとう》や出血などのアクシデントがあった際、ぶつかった部位、当たった角度や強さなどを複数台のカメラで捉え、映像をもとに医師が最初の処置を判断します。選手の健康管理や安全にも力を発揮しています。

（岩本真一郎）

将棋・囲碁の「永世称号」を名乗る資格

●偉業「終身制に連なる」評価

２０１７年12月、将棋の羽生善治《はぶよしはる》棋聖が竜王戦で勝利し、七つ目の永世称号を手にしたことが話題になりました。

「永世」とは永久という意味ですが、考えてみるとよく使われるのは「永世中立国」という言葉ぐらいで、特に優れた功績を挙げた人を「永世○○」という称号でたたえるのはあまり耳にしません。

将棋の初めての永世称号は名人位でした。かつて名人は江戸幕府に認められたものが名乗る終身制の称号でした。今のような実力制になったのは十三世関根金次郎《せきねきんじろう》が名人位を返上し、リーグ戦を勝ち抜いた木村義雄《きむらよしお》が１９３８年に名人の称号を受け継いでからです。52年に名人位を通算8期保持して引退した木村に、初めて永世名人の称号が与えられました。終身制の名人に連なるものという意味です。

65年、大山康晴《おおやまやすはる》が棋聖のタイトルを5期連続で獲得したのを機に「永世棋聖」の称号が生まれました。棋聖が終身制だったことはないのですが、名人位にならい永世という語が使われ、他のタイトルでも永世称号が順次定められました。

永世称号を名乗る資格はタイトルごとに異なります。名人は通算5期、竜王は連続5期か通算7期。棋王は連続5期のみとやや厳しく、日本将棋連盟によると、連盟会長だった大山の、基準を厳しくしたいという意向があったそうです。

囲碁界では本因坊位のみ「永世本因坊」という称号があります。元々は他のタイトルと同様「名誉本因坊」でしたが、98年に趙《チョウ》治《チ》勲《クン》が10連覇を達成したときに、将棋の名人と同じく、終身制だった本因坊に連なるものとして名称が変更されました。

２０１７年将棋のタイトル戦に加わった叡王戦でも、連盟は「いずれふさわしい成績を収めた棋士が現れれば、永世称号を作るつもりはある」といいます。ゆくゆくは「永世八冠」が誕生する日が来るかもしれません。

（大月良平）

「折り返し点」は中間点？

●「後半」に入ったことを意識

陸上競技の人気種目の一つのマラソンでは多くの場合、「折り返し点」があります。古くは「引き返し点」と呼ばれ、「折り返し点」が主流になったのは、1945年以降だとスポーツ言語学会代表理事の清水泰生《しみずやすお》さんは指摘します。「折り返し」は、辞書では「ある所まで行って、来た方向に引き返すこと。また、その地点」。列車の折り返し運転のように、出発した場所に引き返し始める地点、来た道を戻り始める半分のところという意味で使われることも多いため、一般的には「中間点」と考えられることが多いようです。

しかし、マラソンの折り返し点についての規定はないと清水さんはいいます。「折り返す」という表現は「0―0で前半を折り返した」のように、時間に転用して物事の中間点を指して使われることもあります。実際には引き返していかないものに使う点が特徴です。サッカーなどのスポーツで多く使われているようです。

清水さんによると、68年ごろからプロ野球でオールスター戦を境にリーグ戦を「首位で折り返す」などと使い始め、その後、球技のリーグ戦、前半後半のある試合に広がってきたといいます。

最近は、スポーツだけでなく選挙戦の期間、大統領などの役職の任期でも「折り返す」という表現を使います。このような「折り返し」が広がった背景には、マラソンの折り返しと後半の追い上げのイメージが影響しているのではないかと清水さん。「折り返し点」は単なる中間点というより、後半に入ったことを意識した表現と言えそうです。

（田中孝義）

ラ行音はR？L？

「令和」公式にはRだが……

新元号の「令和」が発表された際「令和はRですか、Lですか」という読者の声が紙面に載りました。日本政府はローマ字表記は「Ｒｅｉｗａ」だと通知しましたが、「むしろＬｅｉｗａでは？」という声も一部にあります。

ローマ字ではヘボン式も訓令式もラ行はRで書きます。しかし、ラ行をLで示した例もあります。オランダ語入門書「蘭学階梯《らんがくかいてい》」（１７８８年）に載っている五十音表は、ラ行がLで示されました。戦後の国語審議会では、委員からラ行をLで書く案が出たこともあります。１９８０年代に発売された複数社のワープロはLでもラ行を打ち出せました。

米トランプ大統領が２０１９年５月の来日時、大相撲の表彰式で語った「Ｒｅｉｗａ」は「ゥレイワ」のように聞こえました。舌を丸める英語のRの発音は日本人にとってラ行とは異なって聞こえます。むしろ舌をつけて発する「Ｌｅｉｗａ」の方がしっくりくるのかもしれません。

Ｌと感じるのは日本語のラ行の発音も一因のようです。ラ行の音は口蓋《こうがい》に舌先を軽くつけたり、はじいたりして発音しますが、北海学園大学の中川《なかがわ》かず子教授（日本語教育、ローマ字研究史）によれば「ラ行が語頭にある場合は舌先をつける」。これが英語のＬを思わせるのでは、とします。

西洋のＲは各国で発音が異なり、10種類以上あるとも言われます。スペイン語やポルトガル語のＲの発音には、日本語のラ行音に極めて近いものもあります。中川さんは「近世のキリシタン文献や日葡《にっぽ》辞書で、ラ行音はＲで記されている。日本語と重なる音声を持つ両国語からの影響があったのかもしれない」。英語からＬを思い浮かべても、歴史的に表記の本流はずっとＲです。

（菅井保宏）

「超電導」か「超伝導」か

●物理学者・長岡半太郎に由来？

ＪＲ東海が山梨県で定期的に開いているリニアモーターカーの体験乗車に行きました。時速５００キロで浮上走行をした後、速度を落としたリニアはタイヤ走行に切り替わります。その時に伝わる軽い衝撃が、どこか飛行機の着陸を思わせました。温度を下げると電気抵抗がなくなる現象を応用したＪＲのリニア。パンフレットには「超電導」とあります。研究初期の１９７１年ごろの写真には「超電導磁気浮上特性基礎試験装置」の刻印が見えます。県立リニア見学センターの展示にも、超電導の文字がありました。

ハイテクなイメージの「電」の字をまとった超電導の表記は主に産業界で用いられ、日本工業規格（ＪＩＳ）に採り入れられました。一方で、超「伝」導という書き方もあります。文部科学省の学術用語集では、超伝導です。朝日新聞でも分野によって書き分けています。

学界や産業の現場ではどうしているのか、低温工学・超電導学会の元事務局長に聞きました。「物性、サイエンスは伝。実用化、エンジニアリングは電。きちっと分けられており、混乱はありません」。他の関係者からは、字を見ただけでどちらの分野か分かるメリットがある、という話も耳にしました。

「広辞苑」の見出し語は超伝導ですが、語釈の中に超電導とあり、違いについては触れられていません。では、どちらが先に使われたのでしょう。複数の専門家が最も古い例として挙げたのは、1926（大正15）年に発行された理化学研究所の「理研彙報《いほう》」でした。理研の重鎮、物理学者の長岡半太郎《ながおかはんたろう》が超電導としているそうです。

さっそく理研彙報に目を通したところ、目次に「欧米物理学実験室視察談（第5回学術講演会筆記）」とありました。本人が書いたものではなく、筆記録のようです。読んでみると、意外なことに気づきました。次にこの筆記録を校閲します。

（菅井保宏）

超電導に隠されたひみつ

●エラい先生だから広まった?

1911年にオランダで発見された、ちょうでんどう現象には、超電導、超伝導という2通りの表記が使われています。元祖はどちらでしょう。

多くの専門家が挙げた文献は、26年の「理化学研究所彙報《いほう》」でした。理研の長岡半《ながおかはん》太郎《たろう》による学術講演会の筆記録に、「超電導性」が登場します。

筆記録を読み進めると、誤字脱字が目につきました。同一ページに「液体」「液態」や、単位の「ボルト」「ヴオルト」「volt」が混在しているのは良いとしても、「400字位(し)か」「易くなる(の)である」と字が抜けたり、カッコの向きが逆だったり。つづりのおかしな英単語がいくつかあり、「底電圧」にも首をかしげました。この筆記録は、校正されていないようなのです。

そうなると、筆記録に登場する「超電導性」も、意図してこの表記にしたのか怪しくなってきます。同じ段落に出ている「電導性」という言葉に、それほど吟味せずにそろえてしまった可能性があります。

11年の発見から26年の彙報までは間があります。他に用例はないのか、歴史の長い東北大学金属材料研究所の佐々木孝彦《ささきたかひこ》教授に調べていただきました。すると、15年に発行された一般科学誌「東洋学芸雑誌」に「超伝導」が見つかりました。こちらも長岡の講演録で、「超伝導状態（Super-conducting state）」と傍点つきです。コンダクトは導くという意味で、そもそも原語に「電」の意味合いはありません。

これで、超電導の方が古いとも言い切れなくなりました。

当時、理研は科学の殿堂として唯一無二でした。理研の長老だった長岡は雷オヤジとおそれ敬われ、愛用した机は今も「鬼の机」と呼ばれています。

元々は超伝導だったが、エラい先生の名で公式発表された超電導が広まった――。そんな想像が浮かび上がりました。

（菅井保宏）

風呂おけ——何をイメージ？

●浴槽？　洗面器？　世代で違い

「風呂おけ、貸し出します」。あるお店がこんなサービスを始めました。さて、皆さんはどんな物を思い浮かべますか？

サッカーJ1リーグが開幕しました。２０１７年の覇者は川崎。逆転で初優勝を決めた最終戦で、選手らは会場になかった優勝シャーレ（皿）の代わりに木製の洗面器を掲げました。

その記事の写真説明に「風呂おけ」とありました。50代の先輩校閲記者は「浴槽のことじゃないの？」。20代の私は洗面器しか浮かびませんでした。

広辞苑は「①湯舟として使う桶《おけ》。また広く、浴槽②風呂場で用いる小さな桶」と二つの意味をのせています。冒頭の「風呂おけ、貸し出します」は、洗面器だろうと受け取れそうですが、浴槽を貸すサービスをするお店も実際にありました。

おけ職人はどう使い分けているのでしょう。創業１００年を超える金子風呂桶店

（東京都）の金子幸一《かねここういち》さん（70）は、「ずっと『浴槽』の意味で使っている。『小おけ』や『手おけ』とは分けている」といいます。

同業の70代男性も浴槽の意味で使っているそうですが、「最近、若い人から『洗面器』の意味で尋ねられて、かみ合わないことがあった」と話します。

金子さんは「木の浴槽は最近需要がなくて……」と嘆きます。インターネットで「風呂おけ」を画像検索すると、洗面器が多く表示されます。ユニットバスの普及もあり、木の浴槽をあまり見かけなくなったことも「風呂おけ」が表す物の変化に影響しているのでしょうか。

「風呂おけ」の語は、「風呂おけ○杯分の水」のように分量を示す表現で使われているのも目にします。説明が足りないと「多すぎる」「少なすぎる」と勘違いをされかねません。別の例示の方が無難だと感じます。

同じ言葉でも、世代や地域などで指す物が違う場合があります。複数の意味を持つことを念頭に置いて注意したいです。

（武長佑輔）

「無職」に居心地の悪さ

●定年退職後の機械的な表記

「なぜ新聞はいちいち、高齢者に『無職』とつけるのかね。事件や事故に関わり新聞に名前が出たら、自分も『無職』と書かれるんだろうな」。60代の知人が言いました。早期退職を選び自由になったものの、世間的には「無職」。何かしら「居心地が悪い」とぼやくのです。

「氏名」「住所」「年齢」「職業」は、社会面の記事や投稿欄などの要になる個人情報です。特に「職業明記」は早くから投稿要項にもあり、戦後すぐの投稿欄には「失業者」「復員軍人」といった言葉にまじり、「無職」が登場します。

ただ、大阪本社版の「声」欄には「定年退職したとたん、無職という扱いになるのは、なんだか違うのではと思いました。新聞に目を通す度に、少し申し訳ない気持ちになります」（21歳学生）、「先が無い、夢が無いというイメージの無職には抵抗がある。夢職はいかが」（89歳女性）という意見もいただいています。広辞苑は「無職」

の用例に「住所不定、無職」を挙げています。

英文の記事ではどうでしょうか。朝日新聞の主要記事を英訳してデジタル発信する本社の国際発信部は「無職といっても、求職中かリタイアなのか状況は様々。記事と関連が薄ければ、事件事故などの記事では省くことも多い」と言います。米紙の投書欄には名前・居住都市はありますが、年齢・職業を定型的に書くことは少なく、必要なら文章に組み込むようです。

「どこに所属しているのかが比較的重視される日本社会特有の表現ではないか」と言うのは中高年の生き方を探った「定年後」を著した楠木新《くすのきあらた》さんです。

「『自分は休んでいる』という負い目と、社会からの『色づけ』が表裏になって使われてきたのでは。でも、個性を発揮するときには邪魔になる言葉ですね」。超高齢化社会の「無職」は多様。機械的な表記に、時代との「きしみ」を感じます。

（丹羽のり子）

西郷どんの掛け声「チェスト」って？

●司馬遼太郎らが作中に登場させている

大河ドラマ「西郷《せご》どん」でおなじみの「チェスト」という掛け声は、幕末から使われているという鹿児島の方言です。スポーツ大会で「チェストいけ！」という気合の入った横断幕を見かけることもあります。もっとも、地元の人はふだんは使わない言葉だと言います。

薩摩に伝わる一撃必殺の剣術とセットで語られることがあります。しかし、示現《じげん》流、野太刀自顕流《のだちじげんりゅう》、薩摩影之流《かげのりゅう》、それぞれの掛け声は、「エイッ」「イエーッ」「チェイ」。自顕流を指導している島津義秀《しまづよしひで》さんは「チェストとは言わない。それでは気合が入らない」。

さらに「歴史作家が剣豪と方言のチェストを取り上げる中で広まったのではないか」と推測します。池波正太郎《いけなみしょうたろう》、司馬遼太郎《しばりょうたろう》、津本陽《つもとよう》らが作中に「チェスト」を登場させています。

剣術を極めるには、精神修養のために薩摩琵琶の習熟が求められます。弦の音鋭くバチをさばき、戦物語などを朗々とうたいます。語りが悲壮の極みに達した時、かつて聴衆は「チェストー」と嘆声を発しました。

「薩摩見聞記」は明治20年代の風俗を、他県から赴任した教師が書いたものです。「酔えば箸戦《ちょせん》（ゲームの一種）をなし、稚児歌を歌い、琵琶歌を歌うて快楽を尽くし、大声『チェストー』を呼ぶ」と、にぎやかな酒宴を描いています。

お隣の朝鮮半島にはパンソリと呼ばれる口唱芸能があり、観劇中に「チョッタ」「チョッソ」などの掛け声が掛かるそうです。いいぞ、よっしゃあ、といった意味です。

10万語を収録する「鹿児島方言大辞典」を出した橋口満《はしぐちみつる》さんは、朝鮮由来の方言は少なくないと言います。「チョッソ（좋소）は古い言い方。語源については諸説あるが、朝鮮と薩摩の歴史的なつながりを考えると、これが由来ではないか」と語っています。そいなら、ここらでよかろかい。チェスト！

（菅井保宏）

「知恵捨てよ」説も捨てられぬ？

●薩摩の「チェスト」再論

鹿児島県で使われている掛け声の「チェスト」。２０１８年秋、朝鮮半島の言葉が由来ではないかと当欄で触れたところ、「知恵捨てよ」から来ているとラジオで言っていた、というメールを読者からいただきました。

この説を紹介したのは歴史学者の磯田道史《いそだみちふみ》さん。大河ドラマ「西郷《せご》どん」の時代考証もしました。戦場では捨て身で行けという教育がなされ、鹿児島には「議を言うな」（異議を唱えるな）という言い回しも伝わります。「この説は簡単に捨てられない」とする磯田さんは一方で、文献が残っているわけではないと断ります。

薩摩に伝わる剣術の示現《じげん》流は、唯一の道場が朝日新聞鹿児島総局の向かいにあります。史料館館長によると、計算をした動きを否定する「知恵捨てよ」は、４００年前の古文書にある「はたと打つなり」に通じると言います。ただし、けいこでは「エイと言うなり」と書かれた古文書を見せて指導をします。

下級武士たちが修練をした野太刀自顕《のだちじげん》流（薬丸自顕流）は、今では県内外の各地に道場が開かれています。著書「薩摩の秘剣」で自顕流の歴史を解いた島津義秀《しまづよしひで》さんは、「どこかで『知恵捨てよ』という指導をしたかもしれないが、後づけではないか」と首をひねります。

「知恵捨てよ」説を「考えすぎ」と話すのは、西郷どんが大河ドラマ4度目の時代考証となった原口泉《はらぐちいずみ》さん（鹿児島大名誉教授）。朝鮮の掛け声「チョッソ」、ロシア語の「честь《チェスチ》」（名誉）、日本語の「えい、くそ」の転化など諸説あり、「どれも当たっていて、どれも当たらない」と言います。

鹿児島方言に詳しい橋口満《はしぐちみつる》さんは、標準語の「捨てよ」は当地では「打《う》っ捨《せ》」だと指摘しつつも、さまざまな語源説が唱えられることを歓迎します。鹿児島の人が自分たちの言葉に興味をもち、誇りをもっていることの証しといえるからです。

（菅井保宏）

暦で知る世界

●コプト暦、イスラム暦、仏暦……

1989年1月8日に始まった「平成」。平成と書かれたカレンダーも2019年4月までです。日本では西暦（グレゴリオ暦）と元号、旧暦を併記したカレンダーをよく見ますが、世界には実に様々な暦があります。

京都府木津川市にあるコプト正教会。1月6日夜、エジプト人らのキリスト教信者が全国から集います。クリスマスのミサのためです。東京外国語大の三代川《みよかわ》寛子《ひろこ》講師によると、エジプトに根ざしたコプト正教会では古代エジプト暦が起源のコプト暦を使っています。エジプトのカレンダーには、西暦やイスラム（ヒジュラ）暦、コプト暦も記されています。

西暦は経済・金融の分野では、世界の標準暦と言えます。ただ、暦は信仰生活の基準でもあり、地域の慣習・文化とも密接な関係を維持しています。

中国は公的には西暦ですが、伝統行事には旧暦が残ります。旧正月（春節）の盛大さはご存じの通り。今年は2月5日です。また中国のウイグル族などのイスラム教徒はイスラム暦を使い、イランではイラン暦（太陽暦）、タイは仏暦、インドは30種以上が共存しています。

ちなみに西暦２０１９年1月は、イスラム暦では１４４０年、コプト暦は１７３５年、イラン暦は１３９７年。それぞれの国で、グローバルスタンダードである西暦とうまく使い分けながら生活しています。

世界の暦に詳しい国立民族学博物館の中牧弘允《なかまきひろちか》名誉教授によると、世界全体での使われ方をみれば西暦とイスラム暦が拮抗《きっこう》しており、「西洋文明に右へならえをしているわけではない」と言います。

２０１９年4月には改正出入国管理法が施行され、5年間で最大約34万5千人の外国人の受け入れが見込まれます。各自の暦と文化・慣習を持った人々が新たな隣人となっていくなか、中牧さんは「暦の多様性を知ることは世界とつきあう基本になる」と話しています。

（上田孝嗣）

難読の万博会場「夢洲」

●日本の古称にも「洲《しま》」

2025年の大阪・関西万博の会場となる「夢洲」。大阪湾沿岸にある人工島の愛称で、「ゆめしま」と読みます。東京都の豊洲や福岡県の中洲など「ス」と読む地名が多いためか、夢洲を「ゆめす」と読んでしまう、という声がありました。難読なので紙面ではおおむねルビをつけています。

1991年に舞洲《まいしま》、咲洲《さきしま》とともに一般公募で名付けられた夢洲。応募者は「洲」を「シマ」と読んだ理由を示していませんでした。当時の選考委員会のメンバーで、元広告会社員の鞍井修一《くらいしゅういち》さんは「読みは選考で話題にのぼらなかった」。同じくメンバーで、旅行家の五十嵐道子《いがらしみちこ》さんは「人工島の愛称募集だったこともありシマと読んで違和感はなかった」と話します。

「土砂が堆積《たいせき》して陸地のようになり、水面から出ている所」（大辞林）を指す「洲」。一般的に「シマ」と読みませんが、日本の国の古称である「大八洲《おおやしま》」など「土地・

国」の意味で「シマ」が使われる例があります。日本地名研究所の菊地恒雄《きくちつねお》さんは「これを念頭に応募者は『シマ』と読ませたのでは」と推測します。

埋め立て地を見ると、東京都の「夢の島」や「平和島」など島が目立ち、神戸市の「ポートアイランド」や福岡市の「アイランドシティ」といった片仮名の愛称も定着しています。

夢洲の選考当時、「応募された愛称の候補には片仮名がとても多かった」と鞍井さんは振り返ります。埋め立て事業では「テクノポート大阪」計画や「舞洲スポーツアイランド」などがあり、選考の流れによっては夢洲も片仮名の名前になっていたかもしれません。

〈住の江の岸に寄る波よるさへや夢の通路《かよいじ》人目よくらむ〉。百人一首にある和歌にちなんで名付けられた夢洲。五輪の招致失敗などで「負の遺産」と呼ばれたこの場所は、万博では人目を引く夢ある会場となるでしょうか。

（武長佑輔）

「せーの」の掛け声

とっさに口にするのは？

2人以上で一斉に何かを始めるとき、どんな掛け声をかけますか。いくつか思い浮かべる人もいるのではないでしょうか。そのなかに地域固有のものがあるかもしれません。

福岡県出身の50代看護師から、こんな体験談を聞きました。東京の病院で働いていたとき、数人のスタッフで手術直後の患者を慎重に持ち上げようと掛け声をかけました。「さんのーがーはい」。だれも動きません。「あれっ？」と思って周りを見ると、スタッフ全員の視線を集めていました。この病院での掛け声は「いちにさん」と教わりましたが、「さんのーがーはい」は通じなかったそうです。

全国の主な市町村に尋ねると、共通の掛け声は「せーの」「いちにのさん」「さんはい」など。関東では「いっせーのーせ」、東海や近畿などでは「いっせーのーで」が使われる傾向が強くなるようです。

「さんのーがーはい」は福岡県とその周辺で使われています。ほかにも地域独特のものがありますので、そのいくつかを紹介します。

山口県東部・周南市の30代女性の話から。「長女が幼稚園児のころ、友達とゲームをするとき『せーのでみっつ』と言っていました」。出身の県南東部では耳にしない掛け声なので不思議な思いだったそうです。

長野県中部・松本市の70代男性からは使い分けの一例。「軽い物を持ち上げるときに『せーの』、重い物は『せーのでもって』と言います」

熊本県南部・八代市の60代女性は「老人会では『せーのがさんはい』や『せーのがはい』を使います。親しみを感じてもらえるからです」。

掛け声には地域・状況・相手によっても違う面白さがあります。幼い頃になじんだものほど、とっさに口にするのではないでしょうか。

（佐藤司）

「来崎」って？

●地名を漢語的に書く試み

2019年まで約3年、長崎で記者生活を送りました。見聞きして不思議に思った言葉の一つが「来崎（らいき／らいさき）」です。長崎を訪れるという意味で、この年の秋に来日したローマ教皇が訪れた際も使われました。

調べてみると、こうした表現は日本各地にあるようです。広島は「来広」、福岡なら「来福」。都道府県に限らず、名古屋の「来名」などが朝日新聞の紙面でも登場します。

この「来○」、江戸時代にはすでにあったようです。大阪大学の岡島昭浩《おかじまあきひろ》教授（国語学）は「漢語らしさをめざした表現。江戸時代には地名を漢語的に書く様々な試みがあり、書簡などでよく使われました」。

大阪の「来阪」、千葉の「来葉」など「来」の後は必ずしも地名の1文字目をとるわけではないようです。「来崎」もその一つですが、なぜ「来長」ではないのでしょうか。

長崎市の長崎学研究所に尋ねると「長崎の異称である『崎陽《きよう》』と関係があるのかもしれません」。崎陽は「日の当たる土地」といった意で、江戸時代の漢学者が長崎のことを中国の地名らしく呼んだ表現。シューマイで有名な「崎陽軒」（横浜市）も、創業に携わった人が長崎出身だったことが社名の由来だそうです。

岡島さんによれば過去には「崎」1文字で長崎を表す例もあり、来崎も崎陽もそれを受けてつくられた表現とのこと。崎はキと音読みすると漢語らしくなりますが「崎陽などの漢語を知らない人はキと読めず、ライサキの読みも出てくる」と推測します。坂本龍馬《さかもとりょうま》は長崎に帰ることを手紙で「帰長」と書いたことがありますが、定着しなかったようです。

それでは最後に問題です。「来寧」はどこを訪れることでしょう？　正解は……「寧楽」と書いて「なら」と読む、奈良でした！

（森本類）

呼称を「教皇」に改める

●「法王」は幕末に字典から採用か

2019年11月、日本政府はローマ教皇の来日に合わせてこれまで「法王」としてきた呼称を「教皇」に改めました。ローマ教皇庁の求めに応じた形ですが、なぜ日本人は法王という言葉を使ってきたのでしょう。

戦国時代、ローマ教皇に謁見《えっけん》した日本人に天正遣欧少年使節がいます。1582年に九州のキリシタン大名たちが4人の少年を使節としてローマに派遣し、教皇との面会もかないました。彼らが訪れたベネチア市への感謝状では、日本語でローマ教皇を「発波《パパ》尊者」と書いています。ラテン語の教皇の呼び名である「パパ」に音だけ借りて漢字をあてたようです。

江戸時代の儒学者・新井白石《あらいはくせき》は、密入国した宣教師シドッチを尋問して得た海外の情報を「西洋紀聞《せいようきぶん》」「采覧異言《さいらんいげん》」に残しました。その中では、教皇は「教化の主」「邏馬《ローマ》教主」などと意訳しています。

幕末の開国を機に、江戸幕府は積極的に海外の情報を集めるようになります。その一つが、1862年の「官板バタビヤ新聞」でした。バタビヤ（ジャカルタ）にあったオランダ植民地政庁の機関紙に掲載されている海外情報を幕府の蕃書調所が訳したもので、この中で「羅馬《ローマ》法王」という表記が出てきます。この新聞は一般向けに印刷され、当時の知識層に広く読まれていました。

国語史が専門の櫻井豪人《さくらいたけひと》・茨城大学教授によると、当時の日本では中国の英華字典が流通し、Popeの訳は「法王・教皇」となっていました。どうやら法王の表記はここから選ばれたようです。同じ時期に編集された日本初の英和辞書「英和対訳袖珍辞書」でも、Popeの訳は羅馬法王となっていました。

幕末の洋学者たちが採り入れた言葉が、明治以降も長く使われた一例です。

（大月良平）

ポテチの原材料表記なぜ違う?

●「じゃがいも」か「馬鈴薯」か

ある日ふと、疑問に出合うことがあります。ポテトチップスを2袋食べた後、健康志向の私は原材料名をみました。一つは「じゃがいも」、もう一つは「馬鈴薯《ばれいしょ》」。なぜ?

じゃがいもと書いているのは、日本のポテチのシェアで7割強を誇るカルビー。広報に聞いてみると、「当初は馬鈴薯でしたが、20年ほど前に一般的なじゃがいも名に変えました」と説明してくれました。

一方、馬鈴薯と書くのは1967年、日本で初めてポテチの量産化に成功した湖池屋です。広報に聞くと、「発売当初からこのままです。役所などでは馬鈴薯がよく使われますので」。カルビーがポテチ生産に乗り出したのは75年です。シェアこそカルビーの後塵《こうじん》を拝しているものの、元祖のこだわりは、馬鈴薯の言葉に表れているように見えます。

農林水産省に聞いてみました。「省内では白書を含めて馬鈴薯を使います。特に法律などで決められているわけではないのですが……。一般的にはじゃがいもですよね」。それは、こだわりより、前例にならう「お役所」的な思想では？？　カルビーや湖池屋が悩み、考えついた名称表記について、もっと真剣であって欲しい――とは言い過ぎですね。

でも、この同じものに二つの名称を与えたのは、江戸時代の学者、小野蘭山《おのらんざん》とされます。日本いも類研究会によると、当初はジャカルタから渡ってきて「ジャガタラいも」、転じてじゃがいもと呼ばれていました。しかし１８０８年、蘭山が自著で馬につける鈴のようになっている馬鈴薯がじゃがいもだと紹介したそうです。

広く知れ渡るじゃがいもを馬鈴薯と呼ぶか。いや、馬鈴薯をじゃがいもと呼ぶか。掘っても掘っても「薯《しょ》（いも）」の悩みは尽きません……。

（坂上武司）

東北・信州の「しみ豆腐」

●由来は染みる？　凍る？

東北・信州では高野豆腐を「凍り豆腐」や「しみ豆腐」と呼びます。その代表格とされるのが、宮城県大崎市岩出山《いわでやま》地区の凍り豆腐、福島市立子山《たつごやま》地区のしみ豆腐、長野県佐久市矢嶋《やしま》地区のしみ豆腐です。寒さが厳しくなるこれからが、手作業で作る産地では本格的なシーズンです。

どれも豆腐を凍らせてから乾かして作ります。東北・信州では凍ることを「しみる」と言うことから、「しみ豆腐」と呼ばれるようになったようです。宮城も以前は「しみ豆腐」でしたが、全国販売を機に商品名をわかりやすいようにと「凍り豆腐」に変えたそうです。

方言の分布を記した「日本言語地図」によると、凍るという意味で「しみる」を使う地域は、東北・信州のほか、北陸・山陰などにも広がっています。地図が示す地域の人に聞いてみたところ、「路面が凍結する」ことを「道路がしみる」と言う点では一致していました。

しかし、「しみ豆腐」については北陸・山陰では、東北・信州とは受け止め方が違いました。「味がよく染みそうな豆腐を思い浮かべる」（富山県・30代女性）、「凍ったままの豆腐かと思う」（島根県・50代女性）、「雪の上で豆腐を凍らせたのでしょうか」（富山県・30代女性）。「しみ豆腐」の呼び名になじみが薄いのは、北陸・山陰は近くに産地がないためかもしれません。

「しみ豆腐」の昔ながらの製法はまず夜に屋外のスノコの上で豆腐を凍らせます。気温が氷点下で、晴天の無風が理想の条件だとか。その後、軒下や干し場で寒風にさらして、乾燥させるのです。

東北・信州の農家の人たちが冬の副業として作ってきた「しみ豆腐」。呼び名からは、しんしんと冷え込む農村の一景が目に浮かびます。

（佐藤司）

「どどめ色」って何色？

●熟した桑の実の色のこと

「どどめ色」と聞いて、どんな色を思い浮かべますか。ことばを耳にしたことがあっても、色まで知っている人は多くないかもしれません。

この色の名前が今も記憶に残る秋田県の40代女性の話です。小さいころ、テレビのアニメ番組を見ていたら「どどめ色のワンピース」と響いてきました。「どどめ色って何色？」と不思議に思ったそうです。

私にもどんな色かわかりません。方言なのでしょうか。興味がわいて全国の教育委員会388カ所の職員に協力してもらい、どんな色だと思うかをアンケートしてみました。

「暗い色」「濁った色」「黒ずんだ色」をイメージするのは、多くの地域で同じでした。中には「冬の曇り空の色」「絵の具を全て混ぜたような色」に例える人も。重苦しく、色が特定しにくい感じがするようです。

手がかりになったのは、特定の場面で聞いたという話です。「プールで体が冷えた人の唇の色を表現していた」（北海道・30代女性）、「体の一部をぶつけ、あざになった時に父から言われた」（福島県・60代男性）。紫になった唇や打ち身の痕などに使われたようです。

よく使うのは、主に関東西部のようです。「どどめを食べたら口の周りがどどめ色になった」という群馬県の50代男性に話を聞きました。

どどめは、この地域のことばで「桑の実」。養蚕がまだ盛んだった子どものころ、野に桑畑が広がり、桑の実をよく食べたそうです。実が初夏に熟すと赤から紫、さらに黒へと変わり、口に含むと甘酸っぱい味がしたとか。どどめ色は、熟した桑の実の色のことを言うそうです。

どどめ色は、野趣を感じさせながら響きもユニーク。初めて聞く人に強い印象を与え、ほかの地域へと伝わっていったのかもしれません。（佐藤司）

議会答弁術「いずれにいたしましても」

●ぼかす、かわす言葉

自治体関係者の間でひそかに回し読みされている本があると聞きます。「公務員の議会答弁術」(学陽書房)。「どんな場面も切り抜ける」という文言や用法が紹介されています。

ページをめくると、やっぱりありました、あの言葉が。「いずれにいたしましても」。答えるべき内容がなく、前置きをいろいろ述べて時間を稼ぐ場合に使う、と筆者で現役公務員の森下寿《もりしたひさし》さん(ペンネーム、50代)は手ほどきします。議会答弁書の作成を長く担当した経験から、「答える側には使い勝手がよいかもしれませんが、聞く方は耳障りですよね」とも言います。

このフレーズ、国会でも耳にしない日はありません。試しに国会会議録データベースで検索してみると、新憲法下の2019年までの200回に及ぶ国会で実に7万回以上使われています。首相別の発言回数では、安倍晋三《あべしんぞう》氏が673回、佐藤栄作《さとうえいさく》氏3

74回、小渕恵三《おぶちけいぞう》氏248回と続きます。直言のイメージが強い小泉純一郎《こいずみじゅんいちろう》氏はゼロでした。在職日数で割った使用頻度では羽田孜《はだつとむ》氏が64日間に48回と断トツで、小渕氏、麻生太郎《あそうたろう》氏が次いで安倍氏は6番目です。

最後に結論を言うときの枕ことばですが、核心をぼかす、かわす言葉としての印象も強いです。そこで、議会からなくそうとする取り組みも始まっています。富山県議会では約10年前に答弁の際に「いずれにいたしましても」の言い回しを自粛するよう県執行部に求め、要請の前後で使用頻度を10分の1に減らす効果を上げています。

ところで、この言葉、新聞紙面ではほとんど目にしません。辞書を引くと「どっちみち」の意も。ならばと、デスクがばっさり削ってしまうせいかもしれませんね。

（中村純）

NZ代表の「ハカ」

●生を祝う、試合前の雄たけび

ウォークライ。戦いの士気を上げる雄たけびをそう呼びます。日本語では「ときの声」とも言われます。

2019年9月、アジア初のラグビーW杯が開幕しました。試合前の緊張をこの雄たけびで切り裂くチームの一つが、大会3連覇を狙い今夜初戦を迎える「オールブラックス」ことニュージーランド（NZ）代表。漆黒のジャージーを着た男たちが体をたたき、大地を踏みしめて行うそれは「ハカ」と呼ばれ、見る者を圧倒します。

ハカはNZの先住民族マオリの神聖な舞踊の総称です。戦いの他に結婚式で披露されるもの、葬儀で見送るためのものもあります。オールブラックスのハカでは「カマテ（KA・MATE）」が代表的です。マオリ語で「カマテ・カマテ・カオラ（KA・ORA）・カオラ」と連呼され、直訳すると「私は死ぬ。私は死ぬ。私は生きる。私は生きる」。

マオリ出身でNZオークランド・ラグビー協会コーチのカール・ポキノさんによると「死に直面したが生き延びた。また死に直面したが生き延びられたというストーリー。再び見ることができた太陽や、大地に立てたことに感謝し、生を祝う気持ちが込められている」とのこと。

オールブラックスの事前キャンプ地だった千葉県柏市では、ポキノさんがオリジナルの「柏ハカ」を作りました。日本を表す「日出づる国」や、市を代表する花のチューリップが詞にちりばめられ、市民が祝い事や卒業式などに使えるようになっています。W杯のレガシーとして伝えられていくことでしょう。

ウォークライは相手への敬意でもあるとポキノさんは言います。ラグビーの試合終了は、戦いが終われば敵も味方もないという「ノーサイド」。強敵と身を削り合った激しい戦いだからこそ、重みを持つ言葉です。

（岩本真一郎）

あとがき

突然、私たちを襲った新型コロナウイルスの感染拡大は、私たちに、それまでなじみのなかった言葉ももたらしました。「ソーシャルディスタンシング」に「テレワーク」、「アマビエ」という妖怪も有名になりました。「在宅○○」「リモート○○」という造語も多数生まれました。

しかし、何と言っても世を席巻したのは「3密」ではないでしょうか。「この部屋、ちょっと密ですね」「密な電車で通勤しているから感染がこわい」などといった言い方も普通のものになりました。「連絡を密にする」などと用いる「密（だ）」という既存の名詞（形容動詞）を利用して、密度が高いという意味に加えて適切な間隔を取っていないという意味も表すようになったわけです。社会の変化、日々の必要性に応じて言葉は生まれ、また時がたてば消えていきます。

本書には筆者の関心に応じてさまざまな題材が取り上げられています。しかし、全編を読んでみると一貫したテーマを感じます。それは、生まれ、変化する言葉をどのように捉えるのかということです。

日々、大量に作られている新聞やデジタルニュースの記事は、最新の出来事について書かれます。新たに生まれた用語や、従来なかった言葉遣いをたくさん含んでいます。本書を通して、これらの記事の点検を任務とする校閲記者の絶えざる格闘の跡をたどっていただけたのなら幸いです。

一本一本の記事が書かれ掲載されるまでには、デスクの厳しい目を通過しなければなりません。時には何度も書き直しを求めることもあります。この難しい仕事を担当したデスクを紹介し労に報いたいと思います。東京校閲センターの広瀬隆之、西光俊、中原光一、加勢健一、大阪校閲センターの竹下円の各デスクです。

なお、収録記事は登場する識者の肩書を含め掲載時のままとするのを原則としました。ただし、文中の「来月」「昨年」などは実際の月や年に書き直したり、人名にはルビを振ったりしました。

最後になりましたが、本書の出版に当たっては、さくら舎の古屋信吾さん、猪俣久子さんに大変にお世話になりました。また、本コラムの愛読者の皆様から多くの題材を頂きました。この場を借りて厚く御礼申し上げます。

2020年9月

朝日新聞東京本社校閲センター長　中島一仁

●執筆者一覧

青山絵美、秋山博幸、板垣茂、市原俊介、岩本真一郎、上田孝嗣、大月良平、越智健二、小汀一郎、加藤順子、加藤正朗、金子聡、窪田勝之、桑田真、坂井則之、坂上武司、佐藤司、菅井保宏、菅野尚、竹下円、武長佑輔、田島恵介、田中孝義、田辺詩織、鶴田智、永川佳幸、中島一仁、中島克幸、中原光一、中村純、奈良岡勉、西光俊、丹羽のり子、橋本裕介、藤井秀樹、細川なるみ、本田隼人、町田和洋、松本理恵子、水野守、森本類、薬師知美、米田千佐子

著者紹介

朝日新聞校閲センターは、朝日新聞社発足時の校正係から校閲部を経て、２００６年から校閲センター。現在は東京・大阪両本社編集局に置かれており、陣容は東京53人、大阪20人。誤字やことばの誤用、紙面体裁、表記の統一、人権や差別問題に注意して、朝日新聞の朝刊、夕刊の紙面点検、朝日新聞デジタルの記事点検をしている。ほかに、紙面やデジタルでのことばに関するコラムの発信や社内研修も。

著書には『いつも日本語で悩んでいます』（さくら舎）がある。

日本語《にほんご》の奥深《おくぶか》さを日々《ひび》痛感《つうかん》しています

二〇二〇年一〇月一四日　第一刷発行
二〇二〇年一一月　六　日　第二刷発行

著者　朝日《あさひ》新聞《しんぶん》校閲《こうえつ》センター

発行者　古屋信吾

発行所　株式会社さくら舎　http://www.sakurasha.com
東京都千代田区富士見１-２-１１　〒１〇二-〇〇七一
電話　営業　〇三-五二一一-六五三三　ＦＡＸ　〇三-五二一一-六四八一
編集　〇三-五二一一-六四八〇
振替　〇〇一九〇-八-四〇二〇六〇

装丁　アルビレオ

印刷・製本　中央精版印刷株式会社

ISBN978-4-86581-266-4

定価はカバーに表示してあります。